西夏文字

その解読のプロセス

新装版

西田龍雄

紀伊國屋書店

西夏文字

その解読のプロセス

新装版

西田龍雄

紀伊國屋書店

目次

I　解読の一般原理

私たちが普通に未解読の文字とか未解明の言葉とかいっている対象には、いろいろの性格がある。それらの性格の共通点を取り上げると、大約つぎの三つのケースに整理できる。第一は、使われている文字は読むことができるけれども、その文字で書き表わされている言葉は何語であるかわからない場合、第二は、書かれている言葉の性格が概略わかっているが、あるいは部分的に理解できるけれども、その言葉を書き表わすために使われた文字が解明できない場合、第三は、使われている文字も、書き表わされている言葉も、共に既存の知識のみでは判読できない場合、この三つである。大体未解読といわれているものは、この三つの中のどれかにあてはまることになる。

第一にあげたような条件に該当する例としては、たとえばエトルリア語の資料が有名である。エトルリア語を書いた文字は、よく知られているように、ギリシア文字とかなり似ているために、ギリシア文字から類推して、その文字をローマ字に改める操作はさしてむつかしいことではない。それにもかかわらず、ローマ字に置き換えられたエトルリア語がどのような意味を表わしていたかを推定する根拠は、いまの研究段階では、なお十分にそろっていないのである。エトルリア語は、今でもなお未解読の言語の一つとして残されている。この言葉が、地中海、黒海地方にひろがっていた未知の語族に属していて、コーカサスの諸言語やバスク語と親族関係をもつのではな

エトルリア文字碑文

いかと推測した学者もあったが、そのような推測ももちろん、その言葉自体がよくわからないのであるから、強力な根拠があってのことではなかった。

しかし、もし未解読の対象がこの第一の場合にあてはまるのならば、その言葉の解明はかなりめぐまれた条件にあるといってよい。何故なら、ローマ字に置き換えられた形式が、その後の研究によって、すでにわかっている何らかの言葉と関係づけることができるとしたら、そして、もっと好都合に、その言葉の系統づけに成功することができると、未解読言語の体系を解明する仕事は、決して至難なことではなくなるからである。

東洋の地域も、以前はエトルリア語と同じような状態にあったが、いまではすっかりとはいかないにしても、かなりの段階まで解読された言葉は少なくない。

たとえば、ビルマのパガン市にビルマのロゼッタ碑文といわゆるミヤゼディ碑文があった。この碑文は、十二世紀初頭(一一一二)に、チヤン

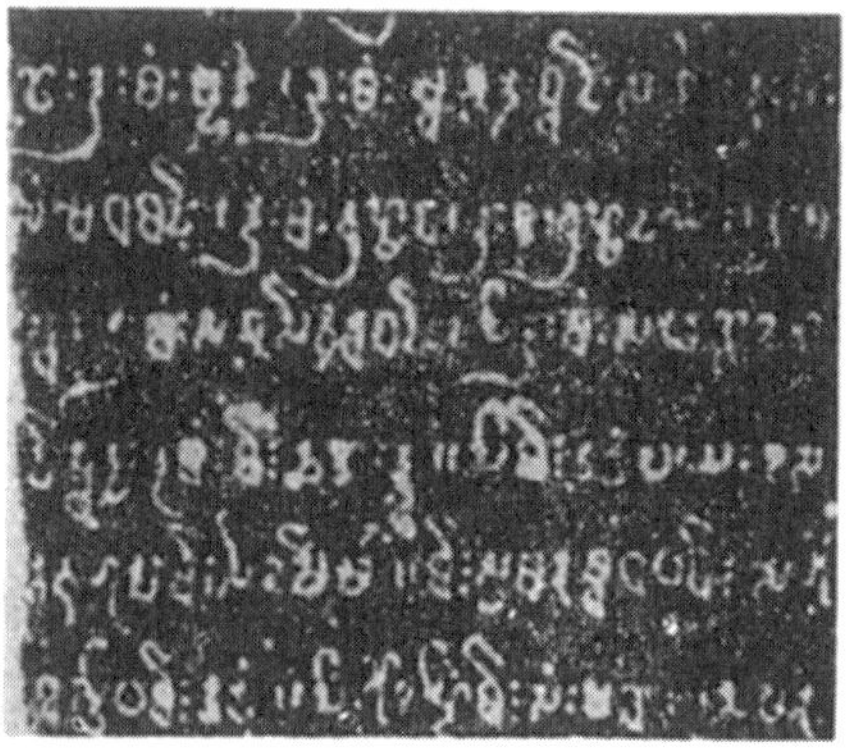

ミヤゼデイ碑文のピュー文字

ジッター王の臨終におよんで、その子ラージャ・クマールによって建立された四面の石柱であり、石柱の各面に、一種類ずつちがった言葉が刻まれている。ビルマ語、モン語、パーリ語はわかるが、そのほかに、もう一つ未解読の文字で書かれた未解明の言葉があった。この文字自体は、特殊な形態をもってはいるが、よくみると、基本的には古代ビルマ文字モン文字と同じ系統の文字である。それらの文字と同じシステムをもっているから、それから類推して、未解読文字をローマ字に改める操作はさほど厄介ではなかった。しかし、この仕事のみでは、表記された言葉がどのような性格のものであって、どの系統に属するのかは、なおよくわからない。つまりこの段階では、その文字がどのように読まれたかは既存の知識から大体解読できても、その言葉自体は解明されていないのである。つぎの段階として、この不明の言葉が、同じ石柱の別の面に刻まれているビルマ語やモン語、パーリ語と対照して、そこに表わされている意味を解明することができたとき、はじめて、この未解読の言語の体系の重要な諸点が解明されたことになる。この言語の研究は、ブラーグデン氏のすぐれた功績である。そして、この不明の言葉が七世紀頃から今のプロームの付近に首都をおき文化国家をほこっていたピュー族（驃族）の言葉であるにちがいなく、ピュー語と呼ばれるべきであることが決定され、その上チベット・ビルマ語系に属する言葉であることがわかって、しかも、そののちに発見された同じピュー語で書かれた別の碑文をも読まれる今の段階では、この言葉は基本的には解読されたといっても差支えないであろう。ただ、その解読の結果に対して、たとえばある形にもっと適切な意味を与えるべきであるとか、ある文法助辞を別の機能をもつものとして解釈すべきであるとかの詳細な問題と、同系統のそのほかの言葉との間にはっきりとした対応関係を設定するといった問題が残されているだけである。

これと同じような例がほかにもある。英国のスタイン探検隊が蒐集した敦煌文書の中に、チベット文字を用いて書かれてはいるが、内容がチベット語ではない一連の文書があった。草書体のチベット文字で書かれているのであるから、この文書をローマ字に書き改める操作にはほとんど障害はない。その上幸いなことに、この言葉はチベット文語の形にかなり類似していた。この未知の言葉の体系を文献学的に解明したのは、英国のチベット学者F・W・トーマスの大きい業績である。トーマスはこれをナム語と命名した。ナムというのは〈天〉の意味であり、この民族は〈天孫〉のつもりで用いたのである。そして、そのテキストが解読され、チベット文語とナム語

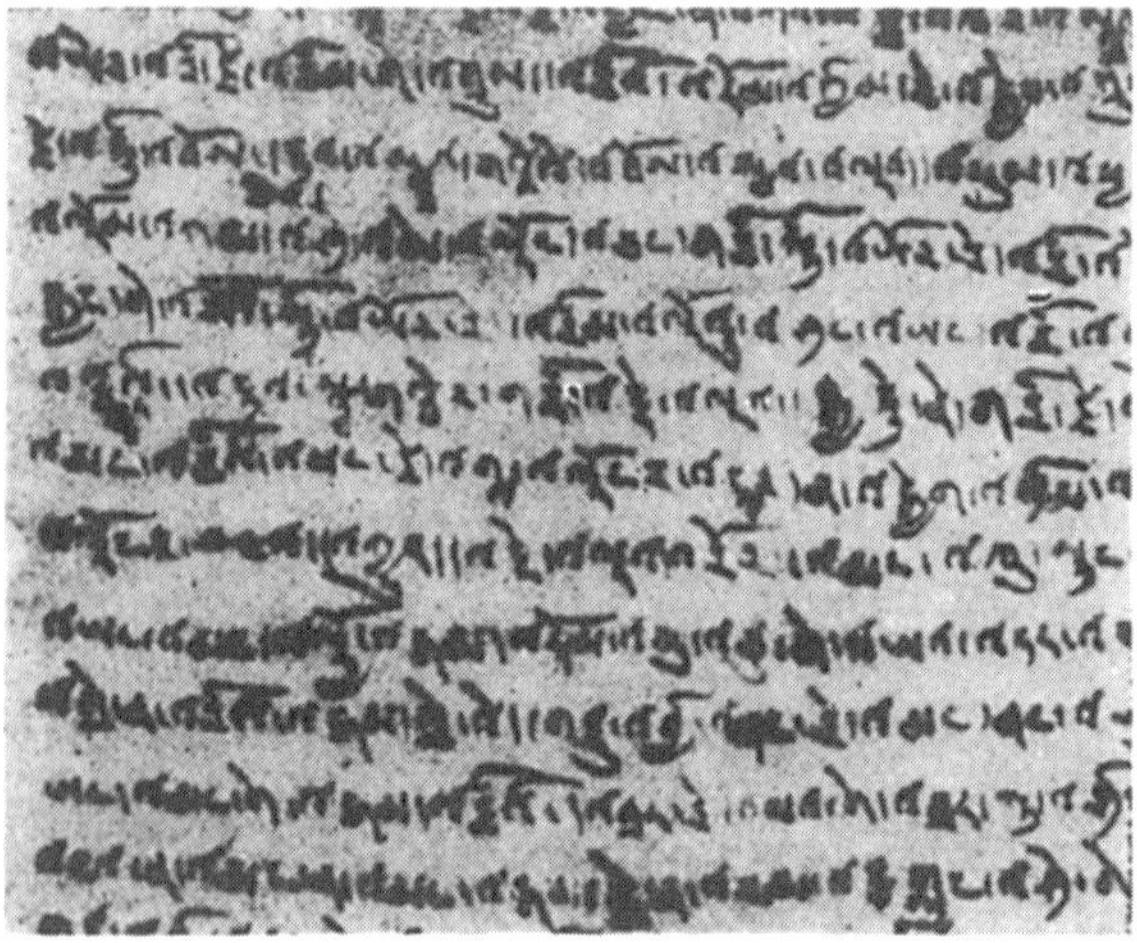

チベット文字で書かれたナム語テキスト

の関係が設定されるに及んで、未知であったこの言葉は、完全に解明されるにいたったのである。

一方、同じくチベット文字で書かれているが、チベット語でもナム語でもない別の一つの言語資料がある。これもチベット語に近いのであるが、この方は資料が少ないために、書き表わされた言葉自体がまだよくわかっていない。これもトーマスの研究によって、ジャン・ジュン語と名付けられている。現存する二つの断片は、医学のことを記録した文書であり、チベット語から翻訳されたものと思われる。この言葉は西チベットからネパールにわたって使われていたと考えられ、チベットの文献でこの地方の言葉として記録されているのはジャン・ジュン語のみであるから、トーマスは、この二つの文書は、ジャン・ジュン語を記録したものであるという。

ジャン・ジュン国というのは、七、八世紀頃、チベットの西北部にあった国家で、最近の研究によると、上部と下部に大別され、上部ジャン・ジュンはル・グ（ウイグル）と接し、下部ジャン・ジュンはロプ地方に位置したと推定されている。そして仏教文化がチベット中央部に入る前に、まずこの地方に到来して、仏教語のいくつかはここで作られ、チベットに持ち込まれたとも推測されている。ジャン・ジュン語で書かれたもっと多くの文献の発見と解読は、その点でも重要なのである。

　第二の場合、言葉は大体わかるが、その言葉を表記している文字を解読できない例としては、女真語女真文字がある。女真語の発音とか単語の形、文の形などは、漢語と女真語の対訳資料である『女真館訳語』（雑字・来文）を分析することによって基本的に推定できる。そして、それらの女真語の推定形が、そのほかのトゥングース語、たとえばその代表である満州語と極めて近い関係にあることも、この二つの言葉を比べれば、すぐに了解できる。三つ四つの単語をあげると、つぎのようになる。

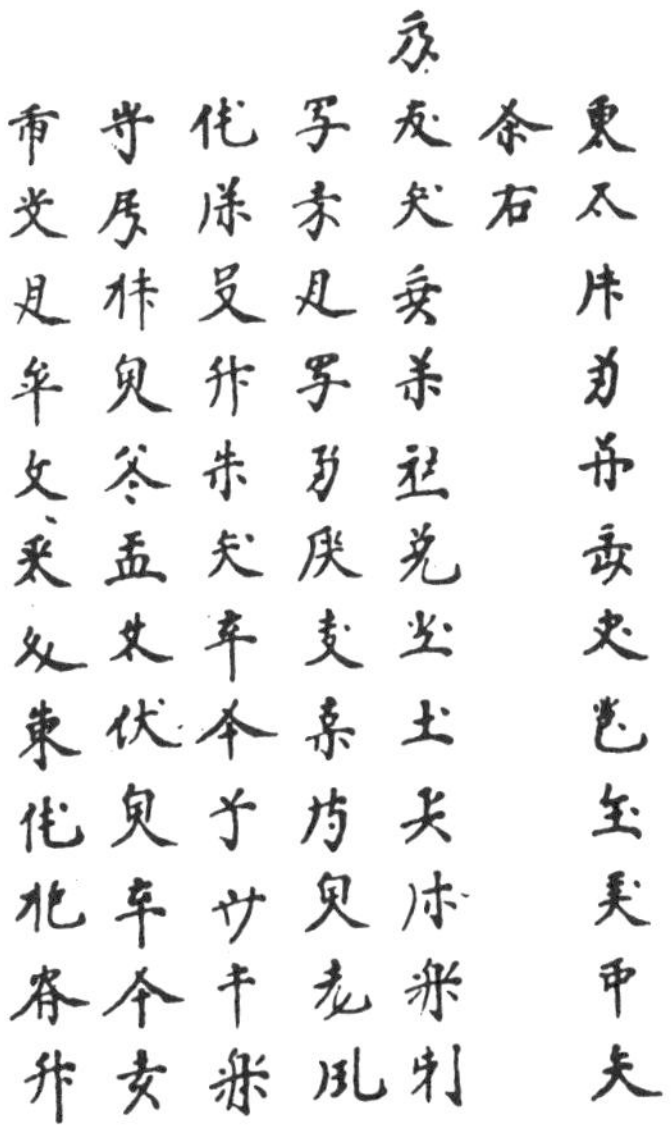

女真館訳語来文

女真文字	意味	漢字による音表記	女真語の推定形	対応する満州語
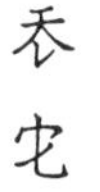	天	阿卜哈以	abqai	abka
	日	一能吉	ineŋgi	ineŋgi
	風	厄都温	edun	edun
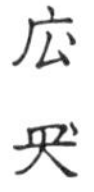	雲	禿吉	tugi	tugi

このように、女真語の発音とか単語の形とかをはじめとして、女真語の大体の性格は、満州語と比べることによって、かなりはっきりとしてくる。ところが、その言葉を書き表わしている文字がまだよく解明できていないのである。この文字を見ると、漢字の形を借りて変形していることは大体見当がつく。漢字天からを作り、漢字日からを作るように、意味のつながり関係から字形を借りて、少し形を変えている場合が多い。また一方で、漢字土の字形を使って、その発音で女真語 tu を書いている文字がある。これらの点はほぼ確かであるが、〈雲〉の例のように字形の来源がまったくわからない文字を含めて、全般に文字組織がどのようにして出来上っているのかがつかめないところに、女真文字が未解明の分野にのこっている理由がある。しか

し、この文字も近く解明されることは疑いがない。

第三の場合に該当するのに、まず契丹語・契丹文字がある。これには『女真訳語』のように単語ごとに契丹文字と漢字を対訳した文献は現存していない。いま残っている研究資料は、興宗《こうそう》・道宗《どうそう》および興宗妃仁懿《じんい》皇后・道宗妃宣懿《せんい》皇后のいわゆる哀冊とよばれる墓誌銘が中心になる。これらの碑石には、かなりの数の契丹文字が刻まれていて、重複したものを含めて延べ約三千字が使われている。それに哀冊の文字とは別に、契丹字二十五字を五十二の要素に分けて大きく書かれている篆蓋《てんがい》がある。これが契丹文字の構成法を知る上の大きい手掛りとなった。たとえば、宣懿皇后哀冊の篆蓋はつぎのようになっている。

篆蓋の文字	組み合わせた契丹字	該当する漢字（羅福成にしたがう）
		宣懿
		皇后
		哀
		冊文

篆蓋の文字を組み合わせると、哀冊に使っている文字が出来上るわけである。この篆蓋があるお蔭で、幸いにも契丹文字の組み合わせ様式の一端を知ることができた。そのほかに、鏡とか、魚符《ぎょふ》、玉盞《ぎょくせん》、官印などにわずかの文字が残っている。ことに玉盞にあるつぎの文字も重要な資料である。右の行の文字を組み合わせて左の行の字形が出来る（羅福成にしたがう）。

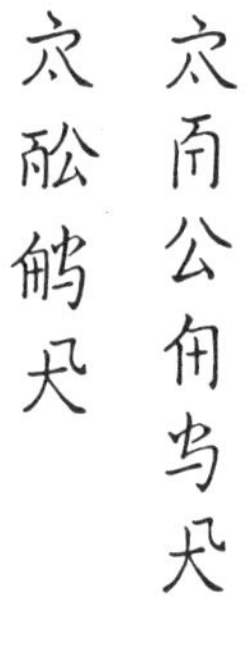

皇　后　誕　日（誕生日）

このはじめの字が契丹小字、あとの字は契丹大字と呼ばれている。

中国側の記録によると、契丹大字は遼の太祖（アボキ）が作り（九二〇）、契丹小字はその皇子迭刺《てつらつ》が、ウイグルの使者についてその言葉と文字を習って作ったと見え、『燕北録《えんほくろく》』とか『書《し》史会要《かいよう》』といった書物に、四つ五つの大字が紹介されていた。

この文字がもっと手近に扱えるようになったのは、一九二二年ベルギーのカトリック宣教師ケルヴィンが内蒙古自治区にあるワール・イン・マンハの慶陵からさきに述べた哀冊を発見し、その拓本が、羅福成の『遼陵石刻録』や田村実造・小林行雄の『慶陵』で発表されてから以後のことである。そして、それらの書物でなされた解読が、この文字の研究を大いに進めた。単純に考えると、哀冊文は契丹文と漢文の両方があるわけであるから、この両者を対照すれば、文字の意味をほぼ推定できることになる。しかし、実際はそう簡単にはいかない。たとえば、その中から、

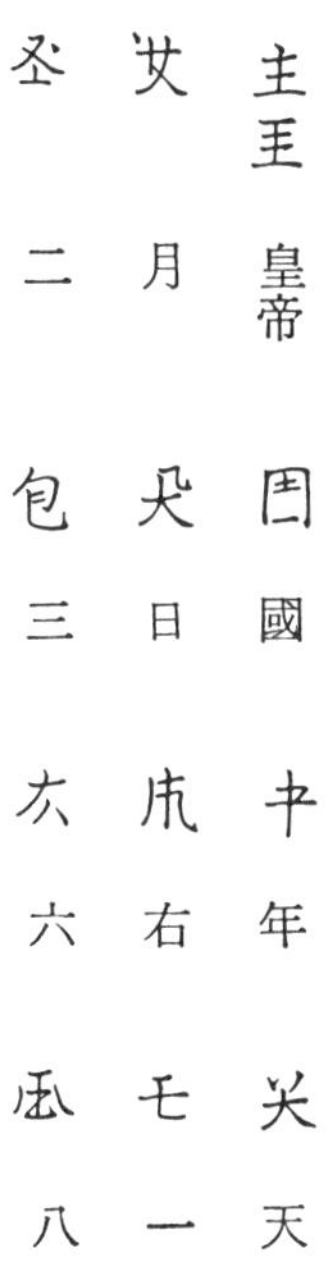

などは大体確かであるけれども、そのほかは確実なところはさっぱり見当がつかない。

これは、哀冊の契丹文と漢文がかなり離れた内容を書いているためと、もっと本質的に契丹文字の組織を解くいとぐちがつかめていないからである。

十数年前、村山七郎教授はこの文字を突厥文字と結び付けて解こうとされたが、その原則を全体に及ぼすことはちょっと無理であった。しかし、これは大きい意味をもった研究であったと思う。契丹文字研究家がとっている主な方向は、つぎの点にある。さきにあげた表意字のほかに、この文字は、表音文字である多くの原字の組み合わせから出来ているから、その各々の原字にどのような音価を推定するかということと、それから、たとえば、

主王　〈皇帝〉と　主玏　〈皇帝の〉

　〈皇弟〉と　　〈皇弟の〉

を対照してわかるような属格を表わす朩に類するいわゆる助詞を見付けること、それに、動詞の屈折形をさぐることに重点がおかれている。これらはこの文字を解読するための主要な手続であることは疑い得ない。

私は、契丹文は日本文のように表意文字と表音文字から出来ていて、ちょうど送り仮名がつけられた漢文のような体裁をとっていたと思う。その送り仮名にあたるところが表音文字の組み合わせで書かれていると思う。

最近では、中国で新しい契丹文の墓誌が発見されているし、ソビエトでは、電子計算機による解読が進められているから、この文字も数年後には、解読されるかもしれない。

西夏語・西夏文字も、契丹文字とほぼ同じ条件にある。しかし、この方は、資料がずいぶんと豊富である点が第一に有利である。この文字が基本的に単音節を書き表わして、漢字・漢語と並行した性格をもっているのも、この文字の解読が契丹文字よりもずっとうまくいく条件であった。

西夏文字はあたかも、元代で滅んで現代まで使われなかった漢字であると想定すると、大体あたっている。漢字と同じような文字だとすると、各々の文字が表わす意味を、一字一字について解読していかなければならない。そして、個々の文字をどのように西夏人が読んだかも、一字一字について憶えていかねばならない。西夏文字については、意味の解読と、その発音の解明は、このように一応別々の問題として取り上げる必要が出てくる。

これらの問題をどのように解くか、それがこれから述べる本書の主題なのである。

II 西夏の文化とその研究

文書A

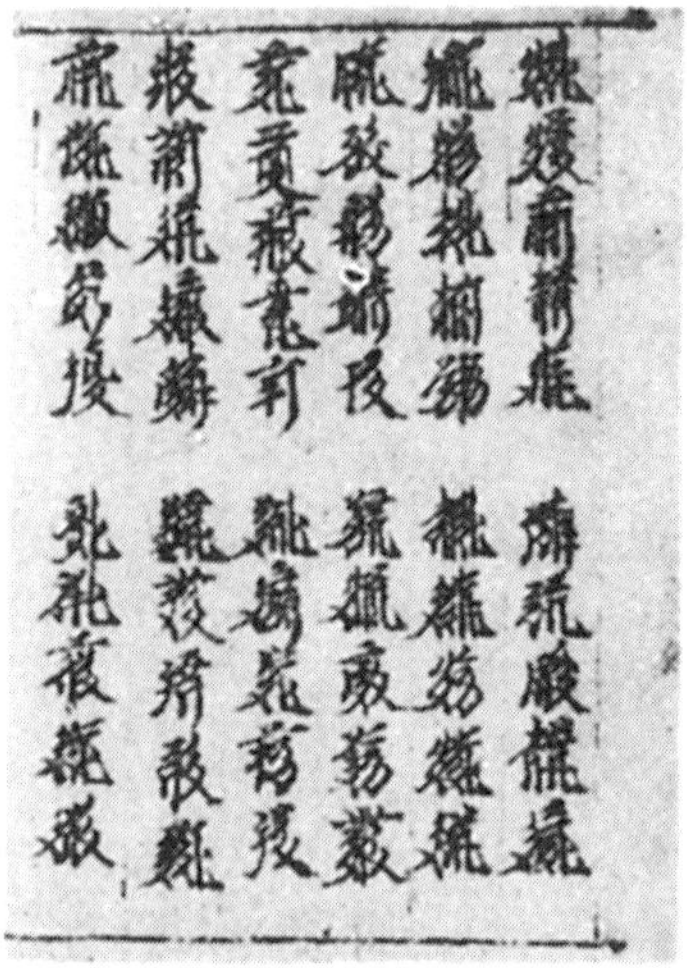

文書B

上にＡＢＣ三つの文書をあげた。このうちＡの文書は、今世紀のはじめ頃、英国のスタイン探検隊が中国甘粛省で蒐集したもので、今は英国博物館にある。Ｂの文書は、ロシアのコズロフ探検隊が西夏の古都黒城《ハラホト》で入手した莫大な文献の中の一つであり、現在レニングラードのアジア諸民族研究所に所蔵されている。最後のＣの文書は、日本の大谷探検隊が将来したもので、今は龍谷大学図書館に収められている。

この三つの文書は、それぞれ書体がちがい、内容もまた異なっている。もちろん、これらの文書は普通には読めない。Ａの書体は、いわゆる楷書体であり、その印刷体である。これにもいろいろの種類があり、時代による変化も、地域による違いもあったが、ここに例として出した書体は大体

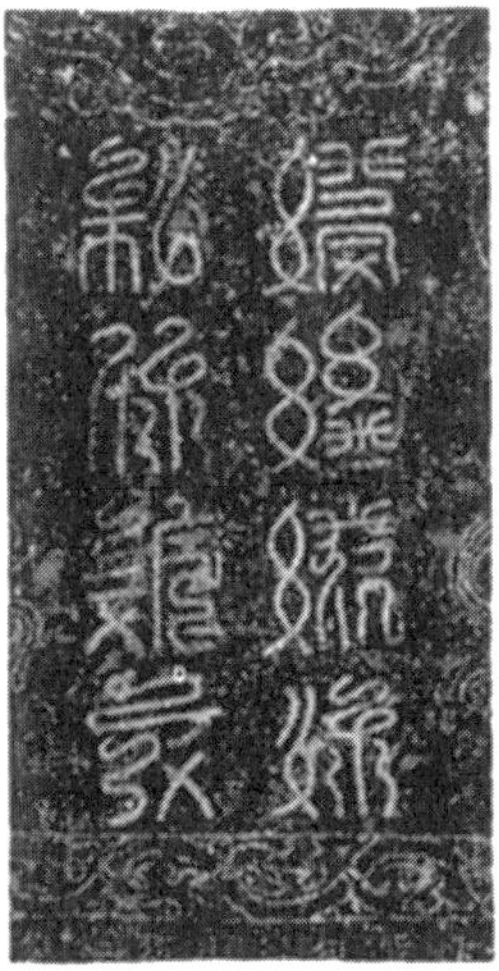

感応塔碑の篆蓋

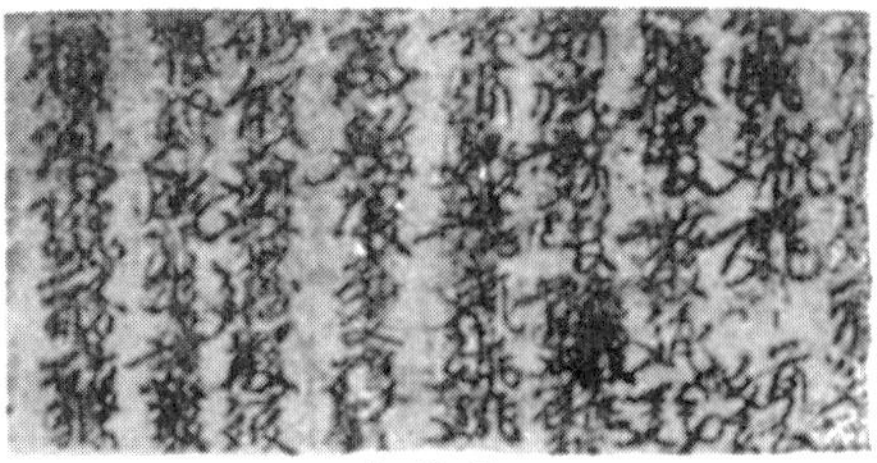

文書C

草書体文書

標準的なものといってよい。Bの書体は、その楷書を筆で書いたもの、つまり筆記体である。Cは行書にあたって、これはなかなか厄介である。

このほかになお草書と篆書があった。草書体の西夏字は、さほど多くは残っていないが、まったく見当のつかない字体が多い。上にあげたのは天理図書館所蔵のものである。

篆書の典型的な書体は、涼州大雲寺にたてられた感応塔碑の篆蓋に残っており、西夏の印章に刻まれた篆書もかなりわかっている。

漢字は長い伝統の間に、書体はもちろん、字体そのものにもかなりの変遷を重ねてきた。西夏文字は、それに対して、書体の変遷もさほどはげしくはなく、字体そのものにもほとんど変化がなかった。といっても全然字体が変らなかったわけで

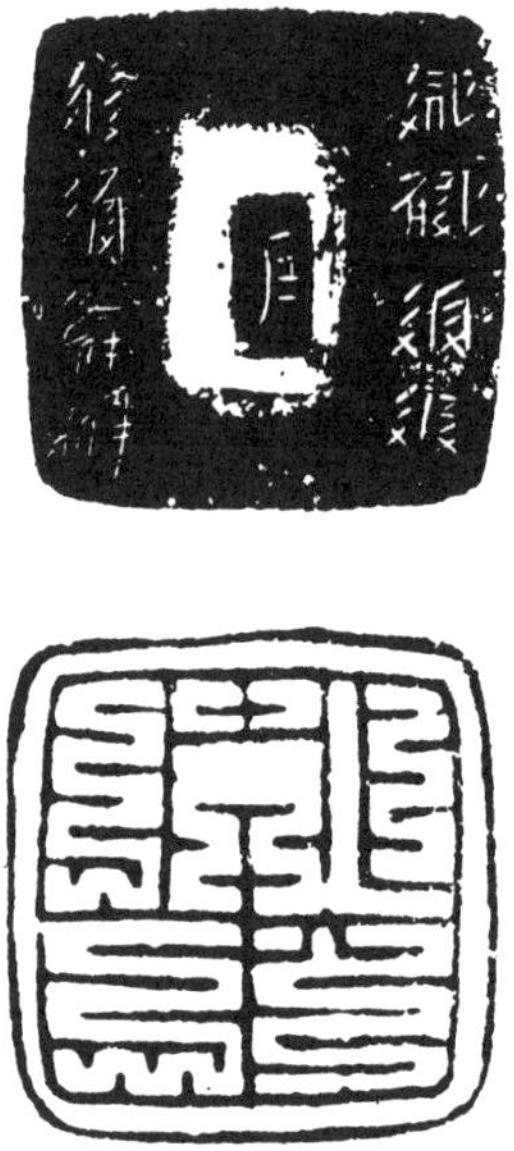

西夏官印

はない。たとえば菩薩ははじめは [西夏文字][A] と書いたが、おそらく中期（仁宗一一三九―以後）になって [西夏文字][A] が使われ出した。字体の構成からいえば前者の方が正しい。このAの文字は〝昇偏〟に〝血〟から作られて、〈血の昇ること＝情《なさけ》〉を意味していた。漢語の菩薩は、西夏語では情を悟る（もの）、と訳されているのである。このような変化では、あとの字体を略字として片付けてよいだろう。この略字もごく稀れにしかない。

さて、これらの数種類の書体をもった西夏文字が一体どのような人たちによって使われていたのであろうか、西夏族とは一体どういう民族なのか。西夏文字自体にふれるまえに、まず西夏族についての概観を述べてみる必要がある。

西夏の国は、多民族国家であった。タングート羌《チイヤン》を中心とするいろいろのタングート族が、白《ハク》蘭《ラン》族、多弥《ドミ》族などの近隣諸族を統一して建てたのが西夏国である。西夏国には、これらの大部族、小部族のほかに、チベット人、漢人、ウイグル人などの構成員が多くいたらしい。チベットでは、それらの部族を総称して、ミ・ニャク（mi-nyag）と呼んでいる。このミ・ニャクという呼び名はつぎのように伝えられている。

吐蕃《チベット》がタングート羌を征服したとき、その中でもっとも強かった拓抜部《たくばつ》は強烈な反抗をしたが、結局は敗れて分散してしまった。一部は中国（唐）に逃れ、一部はばらばらになって吐蕃の下人《げにん》（役属）になった。はじめはこの下人を指して、チベット人は「弭薬《ミニャク》」と呼んだ。チベットではミ・ニャクを軍中に分配して僕役として使ったらしい。

吐蕃《チベット》の最小戦闘単位は四人が一組で、その中一人が組長チュク・ポン（chug-dpon）、一人が副組長オク・ポン（hog-dpon）、三番目がいわば炊事兵でチェン・ポ（byan-po）といい、残りの一人がチェン・ヨク（byan-gyog）炊事助手であった。炊事兵以下を温末《ウンモ》とか渾末《クンモ》といった。征服された部族の残存が、吐蕃の俘虜になって、このような形で僕役に使われたのである。

新疆《トルファン》発見のチベット文書の中で、于闐《うてん》にいた僕役が軍令を犯して死刑の判決を受けて獄につながれたのを、組長などが銅銭四千五百枚を出しあって贖罪したという記録がある。銅銭四千五百枚といえば、かなりの金額である。組長・副組長らが、財を傾けてまでも僕役を救ったのは、彼らと僕役の友情が厚かったことを物語っている。温末とか渾末という言葉はよくわからないが、私の採録した東部チベット語方言（アムド語）の中の〈兄弟〉を意味する単語 xun《フン》 がそれにあたるのではないだろうか。

上の記録からみても、共に命をかけて闘う仲間を＜兄弟＞と呼んでもおかしくはない。

この温末《ウンモ》が西夏族の実際の祖先であって、西夏の始祖拓抜思恭《たくばつしきよう》は、この温末の首領ではないだろうかという学者もいる。しかし、温末とミ・ニャクと西夏の王族とはいずれも同じ部族ではなかったと考える方があたっているだろう。

元代に作られたチベット語と漢語の対訳単語集『西番館訳語』雑字の中、アムド地方の書き言葉を記録したと考えられるテキストでは、その地名門に、チベット語の mi-nyag《ミ・ニャク》 と漢語の河西を対照させている。このミ・ニャクは、黄河の上流のいわゆる河西地域一帯にいたミ・ニャク族を指したのである。『西番館訳語』には多くのテキストがあって、西康省天全のチベット語を記録したと考えられる漢語とチベット語の対訳語彙(阿波国文庫本)では、漢語の「長河西地方」に米納喇卜岡薩乂があてられている。これをチベット語に復元すると、mi《ミ》-nyag《ニャク》 rab《ラプ》 sgang《ガン》 sa cha《サ・チャ》となる。ラプ・ガン(岡)地方のミ・ニャクの意味であって、ちょうどあるチベット文献に述べられている「カムの六岡」の一つにあたり、カム・ミ・ニャクとも呼ばれたことがわかる。この方は南の方のずっと限定された地域を指しており、ミ・ニャクという呼び名はずいぶん広い範囲に適用されていたことがわかる。

ミ・ニャクを西夏語で解くと、「黒いミ」すなわち「黒いタングート」の意味に解訳できる。漢文資料に出てくる「黒党項」は、あるいは本来の意味でのミ・ニャクにあたるのかもしれない。これに対して、西夏国を建てた主流のタングート族はミと称した。もっともこの両者のミは、発音が少し違っている。これを西夏文字で書くと、

ミ　A 　miɦ《ミ》（上声）

ミ・ニャク　B C 　mɨɦ《ミ》（上声）　nhĭaɦ《ニャ》（上声）

Aの文字を分解すると、「聖なる犬」になり、Bを分解すると「聖なる猿」となる。Cは〈黒い〉nhĭaɦ《ニャ》（平声）と声調が違うが、やはり〈黒い〉を意味したと考える。つまり、ミ語の平声をミ・ニャク語では、上声に発音したという推定である。もう一歩進めると、ミ語の miɦ《ミ》 をミ・ニャク語では mɨɦ《ミ》 と発音したのではないだろうか、ミ語とミ・ニャク語の間につぎの関係を考えられないだろうかという推測ができる。

	〈自称＝西夏〉		〈黒い〉
ミ語	miɦ（上声）	—	nhĭaɦ（平声）
ミ・ニャク語	mɨɦ（上声）	—	nhĭah（上声）

ここでミ語といっているのは、夏州タングートを中心とするミ族の言葉であり、ミ・ニャク語の方は、さきに述べたチベットの下人となったタングート族の言葉である。

このミとミ・ニャク二つが、西夏国を構成する二大主要部族であって、ミ族は聖犬によって代表され、ミ・ニャク族は聖猿によって代表されたと、私は考えている。のちにチベットでは、後者をもって西夏全体を代表させたのである。

西夏文字の中には、これとは別に西夏人を意味する 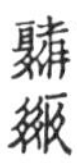A B があった。この A の文字には『文《ぶん》海雑類《かいざつるい》』（後述）という西夏の辞書の中で、つぎのような注がつけられている。

A とは A B 也、ミ・ニャク也、西夏人の意。

A の文字を分解すると〈主《あるじ》〉と〈部姓〉の組み合わせになり、B の文字は人偏に miɦ《ミ》（西夏）から出来ている。

そして、この A B lhẹ-ňdžiɦ《レ・ンジ》 二字で、西夏人全体を指したらしい。

西夏人を表わす言葉で、いま一つ述べておかねばならないものがある。

西夏の文献に、よく「黒頭《くろあたま》」と「赤面《あかづら》」という名前が出てくる。たとえば涼州の大雲寺にある感応塔碑文に、この二つの言葉を含んだ偈文がある。

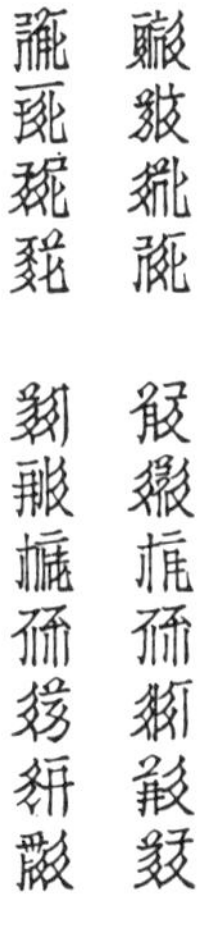

（この塔は）天下の黒頭（西夏）には苦楽二つの福を求め得て、
地上の赤面（西夏）には勢守二つながらの根源である。

この「黒頭」も「赤面」も共に西夏人をいうエピテートである。もう一つの西夏の詩にも、同じように、この二つの単語が対をなしている。

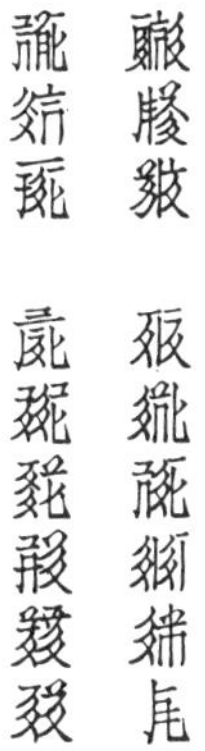

皇天のもと　千の「黒頭」の福には高下あり、
陸地のうえ　万の「赤面」の智識は等しからず。

この「黒頭」は、また先人（先祖）と関連して用いられているから、どうやら地上の人間ではなくて、あの世にいった自分らの先祖を指しているらしい。それに対して「赤面」とは現実の西夏人を指す言葉らしい。先祖を何故「黒頭」といったか、これにはわけがある。

西夏の景宗・李元昊《りげんこう》は、明道二年三月（一〇三三）突然禿髪令《とはつれい》という法令を出した。西夏国が誕生してからわずか数カ月してからの出来事である。

元昊はまず率先して髪を切り、民衆にも禿頭になるよう命令した。三日の内に坊主頭にならないと殺すとおどした。だからその以前の西夏人は黒髪をもっていたが、元昊の時代の西夏人は皆禿頭（前額部の髪だけは残した）であったはずで、黒頭などとはいえない。

「赤面」というのは、もともとチベットの風習で、寒風から皮膚を護るためと、美容を兼ねて顔に赤土でお化粧をした。唐からチベットに輿入れした文成《ぶんせい》公主は、チベット人が赤い顔をしているので気味が悪く、ツァン・ポ（チベット国王）にたのんでこの風習を国内で禁じてもらったという記録がある。だから、チベットも「赤面の国」とか「赤面ボトの国」とかで呼ぶことはごく普通に使われていた。この風習が西夏にも入っていたのである。

これで「黒頭」と「赤面」の関係が理解できる。

一〇三二年、西夏国をたてた李元昊は、ギウ・ミ皇帝  を名乗った。ŋiuɦ《ンギウ》 miɦ《ミ》

とは王族の族名で、ギウ部のミ族という意味である。漢文資料（宋史夏国伝）で、「嵬名吾祖」と書かれている称号がこれにあたる。初代皇帝李元昊は、その上、鮮卑《せんび》族拓抜部の出であり、自分の祖先は魏帝であると誇示した。

タングート族と鮮卑族の関係にはいろいろの議論があるが、私は言葉の面からいって、この両者のつながりを必ずしも簡単に否定し去ることはできないと思う。いまわかりかけている西夏文字によって代表される西夏語は相当に複雑であって、いろいろの言語層が重なり合つているから、将来その中に、鮮卑族から受け継がれたアルタイ語的な要素を認めねばならないかもわからないし、しかもそれが、李王族の言葉に反映していないとは断定できないからである。いずれにしても、西夏王族の言葉がまったくチベット・ビルマ語系であり、西夏王族がチベット・ビルマ族であったとは、今の段階ではまだ断言はできない。

西夏国は中国の西北地方、いまの陝西・甘粛・内蒙古自治州にまたがる地域に建てられた。当時の夏《か》州・銀《ぎん》州・綏《すい》州・宥《いう》州・静《せい》州・霊《れい》州・塩《えん》州・興《こう》州・甘《かん》州・瓜《か》州・沙《さ》州・粛《しゆく》州などの十幾州にわたる地域を占めた。東に中国、北にウイグル、西と南にはチベットがいた。西夏族はもともとはチベットと吐谷渾《とよくこん》の間にはさまれた地域にいたが、唐末チベットに圧迫されて東北に移動して、いつのまにか中原と塞外を結ぶ交通上の要地を占めるようになり、西北辺地で、東西交通の実際上の鍵をにぎっていた。

西夏国は一〇三二年から一二二七年までつづいた。

西夏族の歴史を西夏人自身の手で記録した文書は、まとまった形では、いまのところ発見されていない。もっとも、まだよく調査されていないが、法令とか国家機構などを書いた文書とかそれに類する内容の断片はあるにはある。

西夏族に関する研究は、いままで主として中国側の文献をもとになされてきたが、最近になってチベット人による記録も重要視されるようになってきた。

チベットに伝わる歴史書の中、一三四六年に作られた『フゥラン・テプテル』または『テプテル・マルポ』(赤冊)と呼ばれる書物に、とくにミ・ニャク・モンゴルの王統という一章が設けられて、その前半にミ・ニャクの歴史が述べられている。

そこに書かれた内容とよく似た記述は、そのほかのチベットの歴史書にもあるが、このフゥラン・テプテルがそれらの中でもっとも古い時代に属するもので、なかなか面白い物語を伝えている。幸いこの難解なチベット文が、稲葉正就・佐藤長両教授によって翻訳されているので、その全文をつぎに引用させていただくことにする(『フゥラン・テプテル　チベット年代記』一九六四(法蔵館)より)。ただ訳文は、訳者の許しを得て改めたところがある。

昔ミ・ニャクの国全部は、中国の王の支配下にあった。甘州と夏州の間にあったモン・シャという山に、ギ・ウという土地の神様がいた。或る日のこと、神様は、甘州の城にいた一人の娘のもとに、白い騎士に化けて、七人を従えてやって来た。娘はその首領と親しくなって、一年たって子供を生んだ。そのとき、まえには見かけたことのない星が輝いたので、中国の占星家たちは、「この城に王政を簒《うば》うものが生れた」といった。〔王は〕「もっと占って、その子供を探せ」と命令したので、老婆は、孫を土地の凹みに隠し、藁を平にして覆いかぶせ、その上にお椀一杯の水を置いた。占星家たちは、「〔その子は〕、大きい湖の下にいる」といったが、探し出すことはできなかったので、城から、「二歳にならない孫はすべて殺せ」というお触れが出て、すべての孫は殺されてしまった。その老婆は、「私の孫は死んだ」といって、死体を箱に入れ、泣きながらおぶって川の中にある厚い草叢の中に置いた。毎日のように一羽の鷲が飛んで来たが、その赤子をさらうようなことはしなかった。別の老婆の乳牛が毎日のように赤子のところにやって来ては乳を与えた。或る日、その老婆は乳牛のあとをつけて行くと、乳牛が、かの赤子に乳をやさしく与えているのを見た。「この赤子は神異なところがあるわい」といって老婆は取り上げ〔自分の子〕にしようと思い、族名をグ・スヌゥ・イと名付けた。これをチベット語に訳すと「牛の乳を飲む」という意味になる。

この少年は七つをすぎたとき、同年輩の少年六人と、甘州の雪山の中に逃れて反乱を起そうとした。その山の木樵を全部捕えて兵士とし、その孫は、甘州城の賢者に反乱を起す方法を尋ねようとやって来た。或る中国の老婆が方法を教えて、「この月の十五日にあなたは戦いをなさい。鞭と馬糞をたくさん探して、黄河に流すのです。それから中国の王の印璽を手に入れる方法をとりなさい」といった。

十四日にその老婆は、城壁の上で泣き、胸をたたいたので、かの王は人をやって「何事であるか」と問いただした。「帝釈天のお言葉により、ミ・ニャクの王様が決りました、自ら服従なされないと、中国の名さえも残ることがないでしょう。明日測り知れない程の軍隊が来ますぞ」といった。「その兆はどのようなものか」と問うと、「明日の朝黄河をごらんな、馬糞と鞭が漂い、河の色は変っているだろうよ」といった。あくる朝見てみると、その通りであったので、「さて、どうしたらよいだろうか」と尋ねると、「王様が服従した方がよろしい」といった。王は主従三人で印璽をもって行ったが、ミ・ニャク王が騎馬七人で来るのに出合い、印璽は奪われ、王は殺され、つぎつぎに宰相たちも殺された。〔このことが〕中国の国に聞えた。老婆はのろって、「三角六門の王城は壊滅するぞよ」といった。

ミ・ニャク王は、父の名に因んでズ王と名付けられた。それから王統は六代目に、ミ・ニャクのゴ王が出た。そのときに、シ・ノイ・シア、チベット語に訳すと「邪心の山」という山に生れたものが、王の大臣になった。その大臣が王を殺すようになるとゴ王は覚って、その山にいる人々をすべて殺した方がよいかどうかを大夫に尋ねた。大夫は仏法に忠実であったから従わなかったので、王は甘州にいることができなくなり、夏州に遷って行った。のちにその山に生れたある者が知らずして大臣となり、ミ・ニャクのゴ王を殺した。その後は、王系が途絶えたが、ト・ディという別の王が出たときに、チ・ギンが王位を簒った。

ミ・ニャク王の生命《いのち》は火であったが、チ・ギンの生命は水であったために、如何程闘っても勝つことはできなかった。ミ・ニャクのゴ王の生れ変ったのがモンゴルの王子ゴタンであり、彼は甘州に至ったときに、昔ゴ王が殺された地に寺院を建てた。ゴ王を殺したものの名はわからない。ゲゲン皇帝〔＝英宗〕に悪事を働いたチギン・ティムールもシ・ノイ・シャに生れたものである。以上のことは、ミ・ニャクの禅師、シェ・ラプ・エ・シェが語ったところを記したものである。

中国の王趙太祖（宋太祖）、二人の兄弟が三十年間王位をとったのちに、セ・フ王が出たということと、セ・フ王からミ・ニャクの王が十二人出て、二六〇年の間政権をとり、それから王位はモンゴルに奪われたということが、なお若干の物語に述べられている。

この物語は二つの部分から出来ている。まずはじめに西夏の禅師シェ・ラプ・エ・シェ（shes-rab ye shes 智慧）が語る長い話と、それにつづく若干の物語に述べられた短かい事柄である。後者をみると、セ・フ王から以後ミ・ニャク王十二人（二六〇年）が出て、モンゴルに征服されたとある。このセ・フ王とは、西夏の太祖李継遷《りけいせん》のことらしい。西夏の王統表をみると、

		初代皇帝	二代皇帝	三代	四代	五代
太祖李継遷—	—太宗徳明—	—景宗元昊—	—毅宗諒祚—	—恵宗秉常—	—崇宗乾順—	—仁宗仁孝
（九八二—一〇〇四）	（一〇〇四—一〇三一）	（一〇三一—一〇四八）	（一〇四八—一〇六七）	（一〇六七—一〇八六）	（一〇八六—一一三九）	（一一三九—一一九三）
六代	七代	八代	九代	十代		
—桓宗純佑—	—襄宗安全—	—神宗遵頊—	—献宗徳旺—	—南平王晛		
（一一九三—一二〇六）	（一二〇六—一二一一）	（一二一一—一二二三）	（一二二三—一二二六）	（一二二六—一二二七）		

となって、太祖・太宗の時代を加算すると、全体でちょうど十二代、ほぼ二六〇年になる。この事実からもセ・フ王を李継遷と見て間違いがなさそうである。このセ・フ王が、はじめの話にあるギ・ウの子ミ・ニャク王にもあたるらしい。その物語に出てくる王統をたどるとつぎのようになる。

ギ・ウ——ミ・ニャク王＝グ・スヌゥ・イ族のズ王と名乗る——（六代）——ゴ王（大臣に殺される）……ト・ディ王（チ・ギンに王位をとられる）

まず推理をはたらかして、ここに出てくる西夏語を解釈しよう。

土地の神ギ・ウとは、さきに述べた李一族の部姓 ŋĭuĩ《ンギウ》 miĩ《ミ》 にあたるのではないだろうか、そしてまた、李元昊が西夏の祖先であるという魏（ngĭwei）帝もこれと関係するのではないだろうか。本来、魏とギウが関連したのか、あるいは発音の類似から元昊が自分の部姓を魏帝に結び付けたのかは、わからないが、両者の関係は見逃すわけにはいかない。

老婆が名付けた族名のグ・スヌゥ・イ（ngu snuhi）「牛の乳を飲む」というのは、西夏語になおすと  ŋgur《グル》-thu《トゥ》 thiĩ《テイ》（牛・乳・飲む）となる。子音が少し違っているがこの対照はまったくの見当はずれではない。父の名に因んでズ王（dzu rgyal-po）といったこの「ズ」も、西夏語の帝《みかど》  ndzwɨ《ズ》とよく合う。

シ・ノイ・シャ「邪心の山」は、西夏語に訳すと、 sĭeĩ《シエ》 nõ《ノン》 sã《シャン》「思いが邪《よこしま》である山」となり、シ・ノイ・シャがシ・ノイ・シャンとなっているテキストもあるから、ちょうどそれにあたる。

さて、ネフスキーのあげている西夏の詩に、つぎのようなのがある（これは西夏語の原文が出されていないので、はっきりしないところがあるが）。

子孫が広く発展するときに mi《ミ・》 se《セ・》 huo《フォ》〔が現れた〕。
生れたときに、二本の歯を具え、
生長してからは、十の幸運を一つに集め（?）
うしろに七人の騎手をしたがえて、皇帝《みかど》となるため現れ出でた。

ここに出てくる se huo が『赤冊』のこの伝承の中にある se《セ》 hu《フ》 王にあたることは疑いがない。そしてセフを李継遷であると考えるのにさらにつぎの根拠がある。『宋史夏国伝』に、「建隆四年に継遷は銀州無定河に生れた。生れながらに歯があった」と述べられているのがこの西夏の詩とよく一致している。

この詩にあるセ・フォが七人の騎手をしたがえて現われ出たという一句は、シェ・ラプ・エ・シェの話にある「少年が六人の同志とともに反乱を起した」とか「ミ・ニャク王が騎馬七人でやって来た」とかの伝承と一致するから、ギ・ウの子であるミ・ニャク王もやはり継遷を指したと考えてよいのではないか。

ここまでは解釈がつくが、そのあと六代でゴ王が出て、大臣に殺されたというのはどうもわからない。第一に、ほかのチベットのテキストではミ・ニャクとほぼ同様に部族名として使われているジャ・ゴ（rgya-rgod）が、ここでは王の名前になっている。

最後にジンギス汗（チ・ギン）に王位を簒れたト・ヂィがある。これは十代目の王、南平王晛《おおけん》にあたらないと史実とあわない。フランスの東洋学者スタンはつぎのようにいう。チベットのテキストでは西夏九代目の王をrdo《ド》-rje《ルジェ》 dpal《ペ》（吉祥金剛）とよぶ。信頼できる蒙古史（パク・サム）では、ジンギス汗がミ・ニャクに入って殺したのが、この九代目ドル・ジェ・ペになっている。その蒙古名はTho《ト》 che si《チエシ》 tur《トル》 gyu《グウ》（吉祥金剛）というから、問題のト・ヂィはそれにあたる。つまりスタンは、西夏王のチベット名が蒙古語的になまって省略して書かれたのがト・ヂィであると解釈する。いまのところ、このほかによい考えは浮ばない。

この伝承には解決できないところがなお残っているが、さきに進んで、中国側の資料からみることにする。

唐の僖《き》宗の広明元年（八八〇）、平夏部の拓抜《たくばつ》思恭《しきょう》は、黄巣《こうそう》の乱をしずめるのを助けて功があり、唐から定難軍節度使をさずけられ、王室の姓である李をたまわった。これ以後、代々節度使を世襲して、五代から宋に至った。

西夏が初めて宋朝と衝突したのは九二八年で、当時李継筠《けいいん》が卒し、その子は幼かったので、弟の継捧《けいほう》が職をついだ。ところが継捧は懦弱で実枢は大将の手にあって、叔父の李克文、克遠、克順らの守る州をも奪うとしたから、叔父たちは兵を連ねて夏州を囲み、継捧の襲任に反対した。克文は宋にたのんで、その機会に夏州を攻略しようとしたが、宋の太宗は継捧に入朝するように誘った。継捧は叔父たちの反対にあって夏州におれず、夏・銀・綏・宥の四州八県を宋に献じて、一族とともに宋の都にとどまることになった（九八二年五月）。宋は四州の部族長二百七十八人、部族五万帳を手中に収め、官吏を派遣して夏州を治めさせようとしたが、継捧の弟の継遷が反抗し、鎮圧のためやって来た宋人たちも部族の襲撃をうけた。宋と遼が南北に対立した当時の形勢を利用して、李継遷は契丹につき、臣と称して納貢し（九八六年）、姻戚関係を結ぶまでになっていた。遼の方は李継遷を夏国王に封じて宋を牽制させた。このような情勢のもとで、宋も継遷を定難軍節度使にせざるを得なくなり、西夏の過去の地位を復活することを認めた。このようにして、継遷が西夏国の実際の基礎を作ったが、徳明を経て、孫の元昊になって、はじめて皇帝と称して史上唯一つのタングート族の独立国をたてたのである。国名を大夏国といった（西夏の国内では白上国ともいっている）。

 大夏国

 白上国

宋は西夏地域の形勢を改める力もなく、元昊が建立した国家を叩潰す力もすでになかった。

李元昊は、戦闘では身を士卒に先んじ、勇猛果敢、回鶻《ういぐる》を累破し、前後して甘州と涼州を攻略した。またとくに蕃族を手なづけるのが上手であったといわれる。元昊は軍事的には稀にみる英雄であり、政治上は新興国家の建設者としての英傑であるとともに文化方面にも有能な才幹をもっていた。夏国王になると早速いろいろの改革に着手した。宝元二年（一〇三九）正月には宋に使いをやって、「私儀……たまたまつまらない文字を作り、立派な中国の衣冠を改め、音楽の五音を一音に革《あらた》め、礼の九拝を三拝にいたしました。衣冠はすでに出来上り、文字も行われています。云々」といっている。中国の風習をつぎつぎに改めていったこのような旺盛な独立意識が夏国二百年の礎を築いたのである。独立意識に燃える若い皇帝がとった文化事業の第一は、何よりも国書すなわち国定文字の作成であろう。それが西夏文字である。この文字が公布されたのは、元昊の時代、広運三年である。文字の公布を記念して年号を大慶元年（一〇三六）と改めた。その翌年には番漢二学院をたてている。その時の学院長が、西夏文字の創作に参与した野利仁栄《やりじんえい》であって、そこでチベットの学問と中国の学問を西夏文字で教えたらしい。

西夏の統治者は幼少のときからチベット文化に接し、チベット語と仏典に精通していた。それと同時に高い漢文化をも知っていて、漢字・漢語に通じるのみならず、儒学・経学をも研究した。

チベット文化と漢文化をもとにして、西夏国に適した独自の文化と独自の制度を作ろうとしたのである。

いま残っている翻訳書には、『論語』、『孟子』、『孝経』、『孫子』、『六韜《りくとお》』、『貞観政要《じょうがんせいよう》』などがあり、チベット語と漢語から訳された多くの仏典がある。さきにもいったように西夏の国家機構を記録した文書もあるが、複雑な機構名や官名が並んでいて、一体どういう役割を果していたのかよくわからないのが多い。最近レニングラードのクチャーノフが発表した文書によると、西夏の役所は上司、中分司、下分司（いずれも西夏語からの直訳）に分かれていて、上司には中書、枢密をはじめ、殿前司、御史、三司、功徳司などがあり、中分司には典礼司、陳告司、磨堪司、審刑司、受納司、監軍司など、下分司には行宮司、選人司、馬院司、北院、南院、西院などの名前があがっている。

『宋史夏国伝』とか『番漢合時掌中珠』に出てくる十六司のランクも大体これによって知ることができる。たとえば荒地の開発と農業を担当した農田司や牧畜を管理した群牧司は大体農林省にあたるが、いずれも中のランクに属している。この機構そのものは、宋代の官制を模倣したほかあるいは吐番《チベット》王朝のシステムを伝承したところがあるのかもわからない。

これらの役所での記録は、すべて西夏文字を使っていた。西夏国の公用語は西夏語で、公用文字は西夏文字と定められた。

今日残っている西夏文でもっとも初期の年代のはっきりしている文書は、瓜州監軍司あての公文書である。これは草書体の西夏字で書かれた写本であって、末尾に「天賜礼盛国慶二年二月日」と記されているから、一〇七一年に作られたと考えて誤りではない。西夏文字が公布されてから二十五年を経ている、三代皇帝恵宗秉常の時代である。

宋の慶暦八年（一〇四八）正月、元昊は四十六歳で死んだ。元昊には甯令哥《ねいれいか》という子供がいたが、その夫人が美人であったので、元昊は自分のものにし、新皇后と称して寵愛した。これが二代皇帝諒祚の母である。甯令哥は憤って父を弑《さ》したが失敗し、元昊の鼻を切り落した。この鼻の瘡がもとで、翌日元昊は若くして世を去った。

諒祚以後三代にわたる皇帝はいずれも幼くして即位し、その母后が摂政の任につき、その兄弟とも権力を恣いままにした。この三代を通じて一つの特徴がある。それは、母后が摂政のときには蕃礼《せいかふう》が重んじられ、漢礼《ちゅうごくふう》をいやがったが、皇帝が長じて親政の世となると、漢文化にあこがれ、漢学を興し、儒学を盛んにした。

西夏王朝がそののちにとった政策は、「儒教を尊行《そんこう》し、詩書を崇尚《すうしょう》する」いき方であった。

一一〇一年には定員三百人の国学を建て、儒学を以て国士を養い、一一四三年には国中に学校を建てて、禁中にも小学をおいた。一一四六年には孔子を尊めて文宣帝と称し、一一四八年には再び国学を建て、名高い儒者をよんでその教授にしている。このように文化政策は漢学儒学一辺倒であった。

南宋の宝慶三年（一二二七）十代皇帝王晛の世、西夏王朝はついにジンギス汗に滅ぼされた。王族と一部の西夏族は漢族と同化して、もともと番漢両族が同居した西夏の中心地域は、完全に漢文化に吸収されてしまった。しかし、西夏族の子孫は今でも、甘粛省一帯に何らかの形で生存していることと思う。

西夏文字は、西夏王朝が滅亡してからのちも、元朝の庇護をうけてなお使われていた。北京から西北地方に向う関所、居庸関の過街塔内に刻まれた刻文（一三四五）とか、敦煌莫高窟造像（一三四八）に見える西夏文字は末期の資料ではあるが、西夏国滅亡後百二十年ほどを経てから作られたものである。おそらく、それ以後もなお少なくとも十数年はこの文字が用いられ、西夏文字蔵経の一部が中国において刊行されたと考えてよい十分の根拠もある。西夏文字は前後三百年以上にわたって、西夏族によって使われたのである。

しかし、この文字が一般に知られるようになったのは、ずっと後のことである。

西夏文字がはじめてヨーロッパの学界に紹介されたのは、一八七〇年居庸関刻文についてであった。西夏文字と西夏語の研究は、この刻文の解読よりはじまったのである。居庸関過街塔内部には、当時元朝の支配下にあった民族の言葉と文字で、造塔縁起と仏頂尊勝陀羅尼《ぶっちょうそんしょうだらに》・如来心陀羅尼《にょらいしんだらに》が刻まれた。文字の種類は全部で六つあった。ランチャ文字（サンスクリットを記す）、チベット文字、パクパ文字（蒙古語を記す）、ウイグル文字、漢字、そのほかに不詳文字が一つあった。この刻文を紹介した英国の東洋学者ワイリーは、当初この未知の文字がどのような文字であり、どこの言葉を書き表わしたものであるかを正しく突き止めることができなかった。ワイリー自身は、この文字を「女真小字」であると考えていたのである。一八八二年にフランスの東洋学者ドゥベリアが、河南省の宴台《えんたい》で本物の女真文字によって刻まれた石碑を発見するまでは、このワイリーの女真文字説が一般に信じられていた。ところが、ドゥベリアが発表した女真文字は、居庸関刻文のわからなかった文字とも、ワイリーが女真文字説の根拠として示した古銭に刻まれた四個の文字ともまったく似ていなかったので、ドゥベリアは居庸関の不詳文字が女真の文字ではないことを実証するとともに、それが西夏の文字であると考えるようになった。ドゥベリアのこの考えが正しいことは、『吉金所見録』という書物に収録されている表面

<table>
<tr><td colspan="4">ランチャ文字</td></tr>
<tr><td colspan="4">チベット文字</td></tr>
<tr><td>パクパ文字</td><td>ウイグル文字</td><td>不詳文字（西夏字）</td><td>漢字</td></tr>
</table>

居庸関六体文字配置図

に四個の異体文字をもった古銭と照合することによって、すぐに明らかになった。『吉金所見録』には、その古銭が西夏国より出土したことをはっきりと書いていたからである。実はワイリー自身も、これと同じ古銭の文字と照合していたのだけれども、ワイリーの見た古銭の書物『外国銭文』には、ただ蕃文字とだけ書かれていたために、ワイリーはこの蕃の意味を女真と解釈したのである。ドゥベリアはこの文字の決定にあたって、その上に別の一つの有力な根拠を持ち出した。それは甘粛省涼州大雲寺にある感応塔碑文である。この碑文は、表面に漢文、裏面には居庸関刻文に含まれる当時の不詳文字、すなわち問題の古銭に刻まれた異体文字とまったく同じ種類の文字が書かれていた。これらの根拠から、ドゥベリアは居庸関刻文の不詳文字は実は西夏文字であり、西夏語が書き表わされているにちがいないと信じるにいたった。

ここではじめて西夏文字の正体がわかったのである。

当初の西夏文字の研究は、この表意文字をいくつかの表音単位の組み合わせから出来ている表音文字であると仮定して、一つの文字全体あるいはそれを分解した文字要素が、意味とは関係なしに、ある音価を表示しているものと想定していた。しかし、このような想定にたった試みは、いずれも成功しなかった。

ワイリーとシャヴァンヌが、居庸関大字刻文をとりあげ、それを梵語音と対照して、西夏文字の発音を決めようとし、バッシェルは十二枚の西夏銭を研究して漢語との対照から西夏文字の意味を解明しようとした。この二つのちがった方向を示す研究は、ともに一八九五年に発表されている。ワイリー、シャヴァンヌの試みと、バッシェルの成果を綜合して、西夏文字の表わす意味と発音をあわせて解こうとする方向に進めたのはモリスである。モリスはかねて北京において入手した西夏訳『法華経』数巻を漢訳本と対照して、個々の西夏文字に該当する漢語をつけた。その論文「西夏語・西夏文字研究に対する初歩的な寄与」(一九〇四)で、モリスはさきにバッシェルが解読した三十七字に加えて、さらに数十の文字の意味を明らかにすることができた。モリスが解読した字数は数多くはないけれども、その大部分は今でも価値を失っていない。モリスは同じ資料から西夏語文法についての基礎的な事柄をもいくつか発見した。これらは初期の段階における大きい寄与である。しかし、その文字の読み方は、さっぱりわからなかった。モリスが西夏文字の発音を推定する根拠としたのは、やはりワイリーやシャヴァンヌがすでに試みたように、居庸関刻文を含めて、梵語を音写した西夏字をもとの梵語と照し合わせ、一定の対照関係がいくつかの例を通じて繰返して認められる事実におかざるを得なかった。若干の場合を除いては、不幸にも、ある推定音を仮りにたてることのできた文字と、別の手続からその意味を解き得た文字とは違った一連の文字であった。

この現象の背後にはつぎの事実があると思う。西夏人が外国音を写す場合には、表意文字である西夏字が必然的にともなう意味から可能な限り遊離するために、常用の単語を書く文字を用いないで、∧部姓∨を表わす特定の文字などを用いることが多かったのである。したがって、基本単語の発音が、居庸関刻文とか一般の梵語の音写や漢語の音写から推定することができなかったのは、このような事情によったものと考えられる。

初期のこの段階から一歩踏みこえることができたのは、コズロフ探検隊の将来品である。ロシアのコズロフ大佐は、蒙古四川探検の途中、一九〇八年に西夏北辺の古都黒城《ハラホト》を訪れた。西夏遺跡を発掘しているうち、黒城外の西北隅に大墳墓地を探り当て、廃寺の塔の中から、漢文の古い版本をまじえた莫大な分量の西夏文の写本刊本を発見した。この西夏文献が、以後の西夏学に重要な資料を提供し、大きい指針を与えるのである。

まず第一に、一九〇九年にイヴァノフが将来品の中から『蕃漢合時掌中珠』を発見した。この西夏語と漢語を対訳した学習書については、あとで詳しく述べる。イヴァノフは、この『掌中珠』の存在をはじめて学界に紹介して、その研究の一端を発表したが、イヴァノフが推定した発音は、『掌中珠』の中で、それぞれの西夏字につけられた漢字を単に現代北方官話音によって転写したものにすぎなかった。一一九〇年に作られ、当時の西北地方の漢語で表記したテキストを現代北方官話で判読することと自体に大きな誤りがあったけれども、この一文はつぎの段階、西夏語の比較言語学的研究の段階に導く出発点を提供することになったのである。

当時のシナ・チベット比較言語学の権威であったラウフェルは、イヴァノフがあげた西夏語彙をもとにして、西夏語の基本単語を二〇二項目にわたってシナ・チベット語族に属するいろいろの言葉と比較した。ラウフェルの比較研究は成功しているとはいい難いが、西夏語がロロ語・モソ語にもっとも近い言葉であると論じ、これにそれぞれのはじめの音節をとって、シ・ロ・モ語群という名称を与えたから、西夏語の系統問題は一応決定されたことになった。ラウフェルのこの論文「西夏語――インド・シナ言語学研究」は、言語比較の結果から西夏語の再構成に新しい方向を与える目的のものではなかったが、該博な知識をもって西夏語の多くの単語を検討したラウフェルの功績は高く評価されてよいだろう。しかし、ラウフェルの比較には、今では事実と合わないことがかなりある。簡単な例を一つ書いてみよう。ラウフェルは西夏語 o (wo, ṅo)-diṅ を∧くび∨と考えて、チベット語の 'o-doṅ ('o-ldoṅ) に対応すると推定した。しかし、本当はこのような西夏語はない。これは ɣɔɦ《ゴ》 teɦ《テ》 と読むべきで、∧お臍∨を意味した。ɣɔɦ《ゴ》 の方は∧お腹∨で、teɦ《テ》 が本来∧お臍∨である。チベット語と比べるのなら、前者は grod-pa《ジョエ・バ》 に、後者は lte-ba《テ・ワ》 にあてるべきである。

このようなのは、イヴァノフが提供した資料自体が含んでいた誤りでもある。

西夏研究の発展を考察するにあたって、中国の学者羅振玉《らしんぎょく》一家の功績を特記しなければならない。まずその子羅福成は一九一四年に『西夏訳蓮華経考釈』を京都で出版した。これはさきに述べたモリスの法華経の研究を発展させたもので、モリスのテキストとハノイ極東学院所蔵本の写真七葉をもとにして、西夏文の行間に漢訳をつけた。これにつづいて一九二〇年に羅福成は、『法華経』と『掌中珠』の中から、ほぼ意味のわかっている文字と意味がわからなくても経典で使われている文字を選び出して百六十四の部首にまとめ、画引に排列した『西夏国書類編』を謄写版で出版した。これは最初の西夏語字彙ともいうべきもので、六十六頁の中に七百十三字が収められている。

一方、弟の羅福萇は、一九一九年に『西夏国書略説』を京都の東山学院から出版した。この書物は二十二丁から成る小冊子であったが、内容は、書体・説文《せつもん》(文字の説明)・文法・遺文《いぶん》(文献解説)の四項目に分かれている。羅氏の記述は極めて簡略であり、しかも必ずしも正確ではなく、いまでは修正を必要とするところが少なくないけれども、当時の学界にとっては最高の研究であり、これは、西夏研究発展のもっとも基礎的な仕事として、一つの時期を画する出版であった。

その内容は一九二一年から二二年にかけて『亜州学術雑誌』で改訂増補されたが、完成するにはいたらなかった。しかし羅福萇の早世ののち、兄福成の手によって、増補本が同じ書名『西夏国書略説』をもって、中国で公にされている。これらの研究にもまして、羅氏一家の大きい寄与は『蕃漢合時掌中珠』と『同音』の翻刻出版であるが、これについては第三章で述べる。

西夏語西夏文字の研究をさらに躍進させたのは、ロシア人ニコライ・アレキサンドロビッチ・ネフスキーである。ネフスキーはもともと日本語・日本文学を専攻し、大正初年に日本に留学したが、革命後そのまま日本に滞在して、小樽高商・大阪外国語学校・京都大学などでロシア語の教鞭をとるかたわら、東洋語学民俗学の研究に没頭した。一九二九年（昭和四年）に帰国し、一九三八年にモスクワで亡くなった。日本滞在中に西夏に関する一連の論文を発表していたが、帰国後はコズロフ蒐集文献を十分に利用することができて、一段と研究が進んだ。

ネフスキーの最初の著作は一九二六年に出した『西夏文字抄覧』である。これは大阪東洋学会が発刊していた亜細亜研究（謄写版）の一つとして世に出た。

二番目の西夏文字字彙にあたるこの書物には、チベット文字で発音がつけられた西夏文字が三三四字集録され、それぞれの文字に漢語と推定音がつけられている（ただし三〇七〜三三四は疑わしい文字として保留する）。当時のネフスキーの西夏語の発音を推定する根拠は、チベット文字による表記に重点をおいていた。たとえば、西夏語の基本数詞はつぎのように推定されている。

一 li (δi)　二 ni　三 so (swo, swõ)　四 li (δi)　五 ṅu (ṅü)　六 či　七 ša

九 gi　十 ga (ɠa)　千 tu

西夏語の数詞（著者の再構成音）

数	西夏文字	再構成音
一	[illegible]	ləw《ラウ》
二	[illegible]	nhɨ《ニ》
三	[illegible]	sõ《ソン》
四	[illegible]	łɨr《リイル》
五	[illegible]	ŋɣʉɦ《ングウ》
六	[illegible]	tšhǐu《チイウ》
七	[illegible]	šạ《シア》
八	[illegible]	ʔyar《ヤアル》
九	[illegible]	ŋgɨ《ンギ》
十	[illegible]	ɣạ《ガ》
百	[illegible]	xiɦ《ヒイ》
千	[illegible]	tụ《トウ》

この中には〈八〉と〈百〉は含まれていない。八と百は、さきに述べたモリスの『法華経』の研究によってわかっていたが、この二つの西夏文字には、チベット字による表記例がなかったために、ネフスキーは八と百を『西夏文字抄覧』の中に入れなかったのである。あまりにもチベット文字による表記にとらわれていたのである。ところが、この文字抄覧に収められたチベット字による音表記は、当時のチベット・ビルマ比較言語学の権威であったウォールフェンデンによって新しい焦点が与えられた。ウォールフェンデンは一九三一年に「西夏語単語のチベット文字転

写について」という論文を発表した。その主張はつぎのように要約できる。

西夏文字につけられたチベット字には、rm-《ルム》とかgsh-《グシュ》とかdg-《ドグ》という結合があるが、これが四川省成都《せいと》の西方に現住するジャロン族の言葉のrm-《ルム》, koš-《コシュ》, tak-《タク》に対応することが多い。

たとえば、

西夏文字についたチベット文字表記		ジャロン語
rme	〈人間〉	t-r-mi
dmiḫ, dmĭ, mĭ	〈眼〉	te-mniŏk
gshaḫ, sha	〈七〉	ko-š-nês
dguḫ, bgu	〈頭〉	ta-ku

それ故、西夏語にも音節初頭に二重子音が存在したことは十分に考えられるという。

このような比較研究から、ウォールフェンデンは、さらにつぎの仮説をたてた。西夏国のあった甘粛陝西の故地には、今日すでに西夏語の後裔が残っていない以上、ジンギス汗の圧迫のもとに西夏語を話した部族が南遷して四川省に移ったと考えても、決して不合理ではない。その後裔こそが、ジャロン族なのであるという。

もちろんこのような仮定は早計であって、中国の言語学者王静如《おおせいじょ》が、まずこのウォールフェン

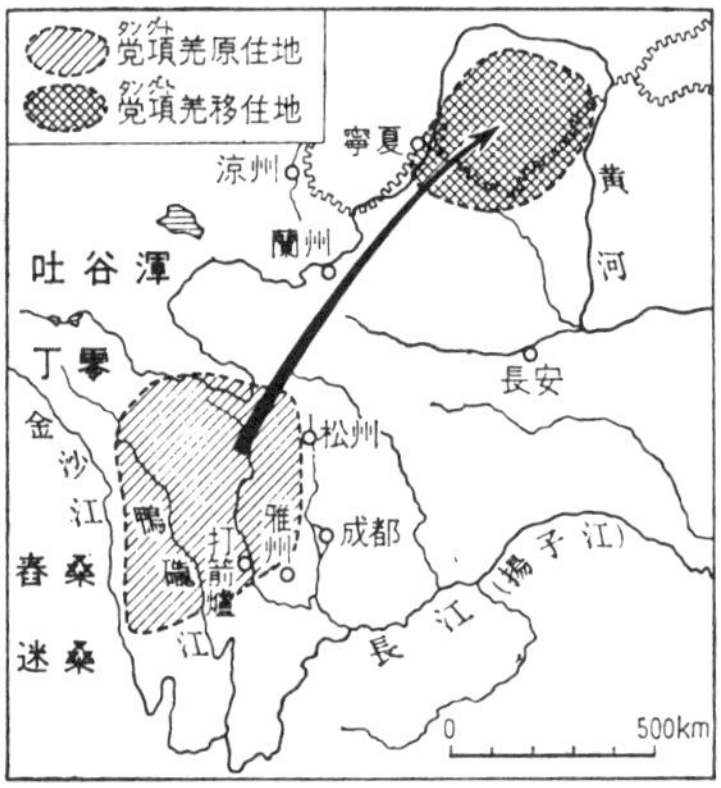

西夏族の移住（王静如説）

デン説に反論した。ジャロン語と西夏語が極めて近い言語の後裔であることには大いに賛同するが、西夏語の話し手たちがジンギス汗の侵略によって南遷し、ジャロンの地に到って、いわゆるジャロン語が成立したという説には賛同し得ないという。

王静如はウォールフェンデンとはまったく反対に、西夏の故地はむしろ四川にあって、そこから甘粛・陝西に移住したと主張する。

≪ジャロン語について≫

ジャロン（rgya-rong）というのは、チベット人の呼び名であって、自分らは ka-ru コルという。人口約七万、四川省に分布して、非常に複雑な体系をもった言葉を話し、数種類の方言がある。前世紀の末頃から、ジャロン語がチベット語よりずっと古い層を保存する言葉として考えられてきたから、それが西夏語と結び付けられたのである。

そして王静如は四川省のチィヤン語とミ・ニャク語を自分の推定した西夏語と比較した。

	西夏語	チィヤン語	ミ・ニャク語Ⅰ	ミ・ニャク語Ⅱ
〈私〉	^{n}a	ŋa	ŋu	a
〈あなた〉	no	no	na	nụ
〈彼〉	t'a	tale	atsī	t'ụ
〈頭〉	'ŋö	'k'ɤp'u	ṛolo	we-li
〈口〉	li	xka^{r}	ŋutsï	shụm-p'a

このような例を五十一あげて対応原則をたてようとしたが、チィヤン語、ミ・ニャク語の資料の不足と、王氏の西夏音に信頼性が乏しかったために、この比較研究はうまくいっていない。西夏文字の発音を推定するにあたって、ネフスキーやウォールフェンデンがチベット文字による音表記を重視するという態度に対して、王静如は『掌中珠』の漢字による表記に重点をおいた。そして漢字音の時代と地域の限定（宋代の西北方言）に着目したけれども、具体的に『掌中珠』の漢字音をどのように扱ったらよいかについては述べなかった。王静如もまた西夏語研究に多くの功献を

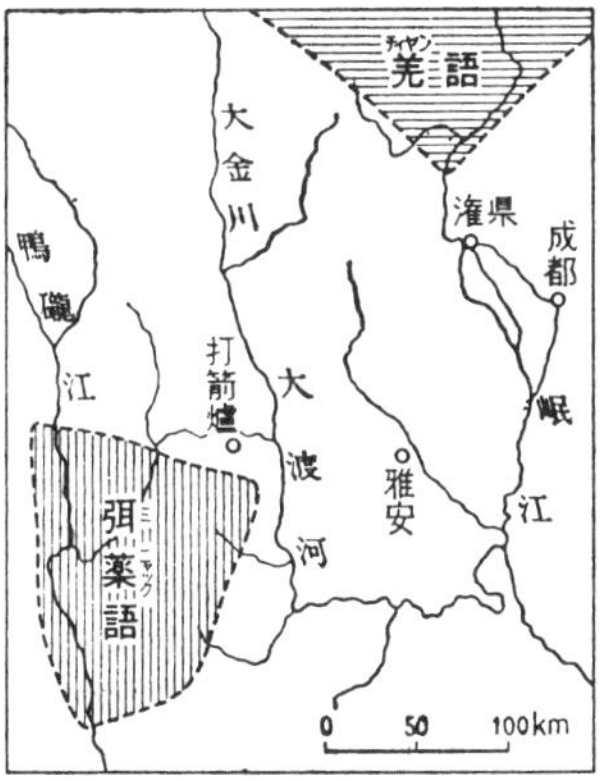

ミ・ニャク語とチィヤン語の分布（王静如説）

したが、一貫して言語学的な方法をもって作業していなかったといってよいだろう。

その後の西夏語の文献学的な研究は、コズロフ将来品のほかに、英国のスタイン探検隊、フランスのペリオ探検隊の将来品と北京図書館が蒐集した西夏文献を中心に、上述のネフスキー、石浜純太郎、羅福成、羅福萇、王静如らによって漸次進められた。それらの文献の研究ないし紹介は、主として国立北京図書館が特集号として出した『西夏文専号』(一九三二)と王静如の『西夏研究』(『西夏研究』第一、二、三輯・一九三二〜三三)に発表されている。

その頃の西夏語研究は、その中心になっていた西夏文経典の研究についても、たとえば『華厳経』・『法華経』のように、その経題が明らかであり、内容もはっきりしている経典であると、その西夏文の性格については、ほとんどふれることがなかった。上に掲げた『西夏文専号』や『西夏研究』にも、多くの西夏語経典の釈文を収めているが、いずれも漢訳経典と対照して、それぞれの西夏文字に意味の上で該当すると考えられる漢字をふりあてたにすぎない釈文が多かった。

一般に西夏語テキストを解読するとか釈文するとか称しているのは、厳密にいうと解読とも翻訳ともいうことができない。それは実は単なる対照にすぎないことが多かった。そのような漢字を与えるだけでは、訳文全体を読み下すことが出来ないばかりか、個々の西夏文字が表わしている西夏語の単語の意味も、一向に明らかにされていないのである。このような結果から、西夏語は漢語と同じような性格をもった言葉であって、残っている文献は、それにあたる漢文と対照さえすれば、機械的に解読できるという曲解をも招くことになる。またこのことはもっと決定的な誤りを生むことにもなりかねない。たとえばナム語を研究したトーマスは、その著書『ナム語』で、西夏語の ni《ニ》 を〈等しい〉と解釈した。その上、この単語をチベット語 mnyam-pa《ニャム・パ》〈等しい〉にあてようとした。これは、この西夏文字に訳語として与えられた漢語〝等〟を誤訳したためである。西夏語の ni《ニ》 は、いろいろの文献で、たしかに漢語の〝等〟にあたっているが、それは〈複数あるいはエト・セトラ〉を意味する〝等〟であって、〈等しい〉の意味はまったく含まれていない。

西夏語文法も、単にチベット語に近いとか日本語に似ているとか述べられただけで、言語学的には一向に解明されることがなかった。

真実の西夏語の研究は、まだはじまったばかりである。

ネフスキーの没後二十数年を経て、同氏の西夏および西夏語に関する論文集『西夏文献学――研究と字典』が出版された（一九六〇）。この書物は副題にあるように、既発表のものを含んだ九篇の論文とネフスキーのノートを写真複製した字典からなる大部の著作である。

ネフスキーは、西夏文字の発音の推定、文字の構成法、文字体系の研究については、西夏人の作った韻書『同音』『文海』『文海雑類』『文海宝韻』『五声切韻』の解説として、西夏人の記載を引証するけれども、それらの資料を使ってどうすれば体系的に西夏語の発音を推定できるか、また西夏文字の構成法や文字の体系を解明するためにはどのような方法をとるべきであるかについては、具体的に何も操作していない。

三番目に公にされたこの「西夏語字典」で、ネフスキーが推定音をつけた文字はごく限られた数であり、分析を示している文字も『文海』『文海宝韻』『文海雑類』を引用した文字だけであるのもその態度に由来している。ネフスキーは、西夏人の作った字書にあまりに重点を置きすぎて、その資料の上にたって自分の方法を発展させようとしなかった。

この「西夏語字典」が多くの年月と知力、労力を費して出来上った結果であることは十分に認めなければならないけれども、これはあくまで故ネフスキーのノートであって、おそらくネフスキー自身は、このような十分に整理されていない体裁で、それが公にされることを好まなかったであろうと思う。しかし、この字典の出版は、われわれにはいろいろの点で有難く、多くの用例をあげていて極めて有用であることもたしかである。ネフスキーの西夏語についての仕事は、その量と範囲で、たしかに新しい一つの時期を劃した。すでに三十年も前に「西夏国名考」のような秀れた論文を書いたネフスキーは偉大な文献学者であった。この伝統は、レニングラードで、その後、若い優秀な東洋学者クチャーノフに受け継がれた。クチャーノフはすでに多くの論文を発表していて、西夏の歴史の研究では第一人者である。コズロフ蒐集品は、クチャーノフを中心とするレニングラードの西夏研究グループの手によって次第に解明されていくだろう。

ロンドンにあるスタイン蒐集文献は、英国博物館のグリンステットによって整理研究されている。グリンステットは西夏訳『孫子』を研究しているが、スタイン・コレクションには、なおどのような文献がかくされているかわからない。

Ⅲ　西夏語はどんな言葉か

さて、さきに掲げた文書の中から、任意に西夏文字を一字、たとえば  という文字を取り出してみることにしよう。

この文字について解明しなければならない事柄は、つぎの三つである。

第一に、当時西夏人は、この文字をどのように読んだのであろうかということ――この文字の読み方の解明である。第二には、西夏人はこの文字によって、どのような意味を表現したのであろうかということ――この文字の表わす意味の解読である。

この基本になる二つの事柄につづいて、第三には、この文字はどのような要素に分析できるか、いいかえると、この文字がどのような要素とどのような要素の組み合わせから作られているのであろうかということである。これらの事柄は、この文字を一字だけいくら長く見ていても解決できるわけがない。同じ文字で書かれた多くの資料、もし可能ならば残存しているすべての資料を同時に扱わないとわからない。そして第一にあげた事柄はより正確にいうと、個々の西夏文字がどのような音形式をもった西夏語の単語を書き表わしているかという問題になる。つまり西夏語の音体系の再構成という大きい問題と関係して考察しなければ、根本的な解決にはならないのである。第二にあげた事柄は、個々の西夏文字が、どのような意味の西夏語の単語を表記しているかという問題になる。これも個々の文字の意味を知っただけで一応わかるけれども、言語学的には、西夏語の語彙体系と関連して考えなければ最後的な解決にはならない。つまり語彙全体あるいはいくつかの単語グループの中で、個々の単語がどの部分の意味を表わしていたのかを明らかにする必要がある。いわゆる類義語の間の関係だけではなく、西夏文字の中には、一見同じ意味を表わしていたと考えられる文字が、数個ある場合もまれではないからである。

第三にあげた事柄は、西夏文字全体を構成している原理の解明である。全体としてどのような単位の組み合わせからなるのか、そしてその単位がどのような様式で組み合わされているのかを解き明かすのである。その上、どの文字とどの文字が基本になっていて、他のどの文字をどのような方法で派生したかという文字相互の関係の研究にもなる。そしてまた、西夏文字の字形の作り方、派生関係の成立の仕方と関連して、それを通じて西夏人がどのように世の中の事柄を考え、解釈していたかを知ることができるわけである。これも大へん面白い問題になってくる。ことに漢字に親しんでいるわれわれにとって、これは極めて魅惑的な問題として浮び上ってくるにちがいない。

西夏人が、これらの複雑な字形をもった文字を一体どのような発音で読んだのであろうか。それを知るためにはいろいろと厄介な手続がいる。数種類の性格のちがった資料を利用して、それらを互いに補い合わせながら、当時の発音を再構成しなければならない。その手続では、もはや個々の文字をどのように読んだかという単純な問題だけが目的ではなくて、西夏語という言葉自体の発音の体系がどうであったかを明らかにすることに目標が移ってくる。つまり西夏文字のような表意文字では、たとえば〈天〉を意味するXという文字をどのように読んだかは、西夏語で〈天〉をどのように発音したかという問題を解決できないと、わかったことにならないからである。さらにいいかえると、西夏文字は、西夏の言葉を書き表わしたものであるから、言葉の発音の体系が明らかにならない以上、個々の文字をどのように読んだかわからないからである。

したがって、西夏文字の読み方を解きあかす手続を、「西夏語音の再構成」とよんでよいであろう。西夏語の研究でも、西夏文字の研究でも、まずこの音体系の再構成に成功しないと信頼して進めることができないから、実際にはこの手続がもっとも中心的な問題になってくる。

私は、この手続のために、これまでに三つの研究段階をふんできた。そして現在では、ほとんど完備した段階に到達できるようになった。これをまずはじめの段階から解説してみることにする。

一九五七年に、私は西夏語音再構成の方法を考えついて、それを学界で発表した。それまでに西夏学の専門家たちがしていた西夏音の推定は、個々の西夏文字につけられた漢字なり、チベット文字なりの表音例（いわばふり仮名にあたる）をたよりに、文字一つ一つごとに、その発音を推定するという仕方であった。たとえば、ロシアの東洋学者イヴァノフ教授は、数字∧一∨を、漢字で〝阿〟と書かれているからnga(これは実際には数詞の∧一∨ではない)を、∧二∨には、漢字〝能〟がつけられているからnêngを、そして漢字〝勒〟がつけられた∧四∨にはlêをというように推定していった。もちろん、その推定音を与えた文字の数も多くはない。

ネフスキーはさきに述べたように、チベット文字で発音を写した資料から、∧一∨にはliを、∧二∨にはniを、∧三∨にはsoを、∧四∨にはliをそれぞれ推定していた。外部から与えられた資料のみにもとづいたこのような推定には、その推定を助ける確実な基準が必要である。ところが当時は、その基準になるものが何も使われていなかった。

その欠陥を補って、西夏文字全体をある根拠で登録したような再構成のためには欠くことのできない資料を、私は探した。別々の断片ではなくて、それらの断片をすべて含み得るような全体のシステムを反映した資料が何かないものかと求めた。

その頃、私は幸なことに、この要望に応じるような資料、西夏人の作った韻書『同音』を、偶然に入手することができた。『同音』の内容とか体裁についてはすぐあとで述べることにする。私が、西夏語を研究しはじめた頃は、この『同音』の名前は知っていたけれども、それが複製本として入手できる状態にあることは全然知らなかった。たまたま某日、京都の丸太町の古書舗

（いまはなくなった）をたずねた時、この複製本を見付け、手にとってみて驚いた。このテキストは西夏語の音韻体系をよく反映していると、私は判断した。さっそくこれを購入して検討してみると、この『同音』のシステムをうまく利用すれば、西夏語の再構成は必ずしもむつかしい仕事ではなさそうだと、次第に確信をもつようになった。

私たちが使っている言葉は、使っている当人が気付いていなくとも一つの体系を具えている。どのような種類の言葉であっても、言葉自体は、非常に複雑ないくつもの体系から成りたっているのであるが、その中の一つの体系を取り出すこともできるし、その体系の中の一部分のみを取り出して整理することも可能である。言葉についての学問は、そのような体系の階程《レベル》を上手に混同することなく扱うことと、またいくつもの体系を総合して扱っていく点がむつかしいのである。

もし残された文献が、そのような体系を、あるいはその一部分を忠実に反映しているのであれば、のちの人たちはそれを信頼して利用し、かつての体系の一部を再構成することが可能になってくる。

西夏人はこのような性格をもった文献、換言すると、西夏語の体系をちがった立場からいろいろに整理した書物を、ごく初期の段階でいく種類も作っていた。今では、私はそのほかの書物をも参照できる幸運にあるが、はじめはこの『同音』一つしか見ることができなかった。しかし、この『同音』は一つでも、予想通り西夏語音再構成のためのもっとも重要な資料となり得た。私は『同音』のシステムを再構成の基準としてたてることにした。

当時、この『同音』の複製本をみて、その内容の表面的な組み立て方は、かなり早く了解できたと記憶している。まず、この書物の体裁と内容について、やや詳しく説明しておきたい。この『同音』は完本に近く、序も跋も残っていて、全体で五十六葉から成る蝴蝶装の書物である。西夏文字のみでうずまったこの書物の内容をよりわかり易く説明するために、かりに、私がこの書物の作者の立場になって述べてみよう。

『同音』の作者である私は、十二世紀のはじめ頃、西夏国内で普通に使われている文字と、普通にはあまり使われていないけれども西夏文字として公表され記録されている文字とか、経典の中でサンスクリットを写すための文字とかを全部集めてみた。もっと以前に刊行したテキストでは、字数がずっと少なかったが、今度は全体で六千百三十三字になった。この中には、文字の形はちがうが、まったく同じ発音で読む文字がいくつかある。たとえば pha（平らな調子で）と発音する文字は二字しかないが、ka（同じく平らな調子で）と発音する文字は七字もある。そこでまったく同じ発音あるいは少し範囲を拡げて、声調（平らな調子と上る調子）の差異を考慮外において同じ発音をもつ文字をひとまとめにしてみる。するとほかに仲間をもたない独特の発音の文字がのこされる。つまり西夏語の発音を中心としていうと、たとえば pa という発音が唯一つの文字でしか書き表わされない場合と、kha のように意味の違いによって二つ以上の西夏文字で書き分けられる場合とに分類できる。前者を独字と名付けて、後者にはとくに名前をつけない。もちろん、後者の場合は、「同音異義字」が主体を占めているが、そのほかに語幹としては同じであるが、文字の上だけで書き分けられている単語も含まれている。ところで、こんどは当時の言語学の本流である中国の音韻学の方法にならって、文字全体を音節のはじめの音の性質、たとえば両方の唇を破裂して発音する系列を重唇音類というように、九つの大分類に分けた。そして、

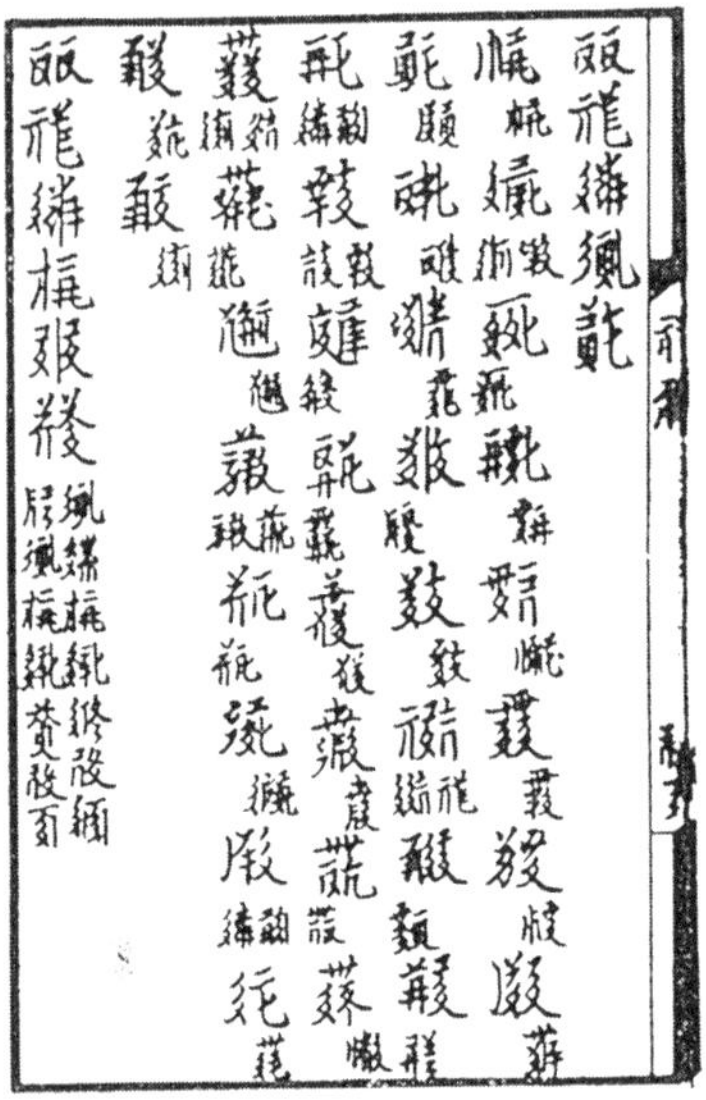

『同音』(11葉左)
軽唇音類独字（複製本による）
各文字には小さい字体で注がつけられている。

各音類の中で、同じ発音をもった文字のグループを任意に並べ、そのあとで、独字を××音類独字という項目をたててまとめておいた。同じ発音の文字グループを、グループごとに区別するために、グループの切れ目に○印をつけた。これをときに左側に、ときに右側に、

あるいはまれに中央下側においたのは、注字の位置との関連上そのようになったので、とくに意味をもたない。独字の項目は、この原則にしたがうと、一字ごとに○印をつけねばならないのであるが、それではあまりに繁雑すぎるのと、独字という項目から単独であることが判定できるために、○印をつけないで羅列することにした。文字の配列は以上のような原則にしたがっている。それ故、ある文字が、それと同じ発音の文字をほかにもっているかどうかを知るためには、この字典を見ればすぐにわかるしくみになっている。

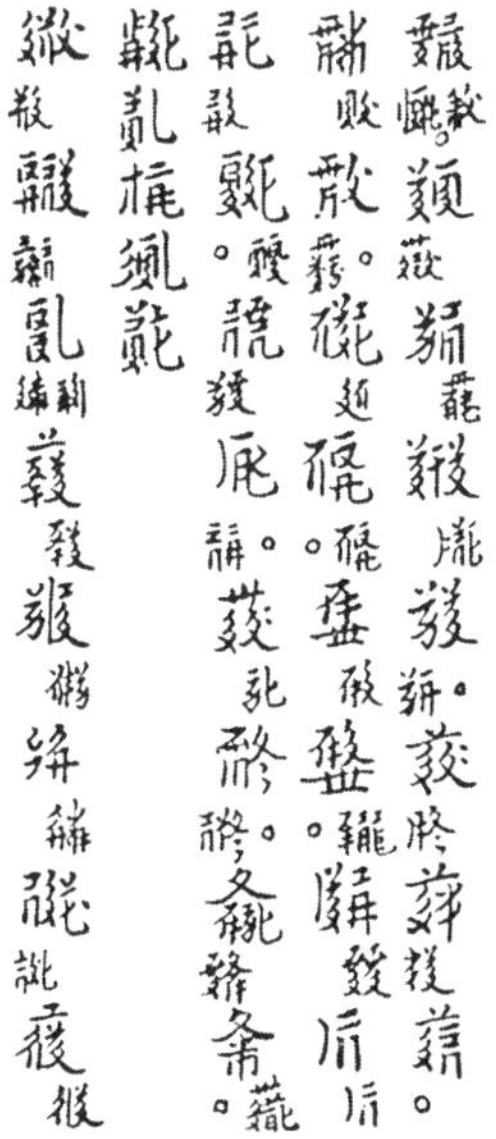

『同音』(54葉右) 流風音類上から○印が中央下、右側 左側 右側 左側というようにおかれている。左1行目からはじまる独字には、この○印がつけられていない。

ところで、文字一字だけを出すと、中には意味のわからないものがでてくる。とくに二音節の単語、つまり西夏字二字で書き表わされる単語なども多いし、類義語も少なくないために、本字の下に注字をつけることにした。

文字の意味の説明には、別に『文海』とか『文海雑類』とか名付ける書物があるから、ここでは最低限必要な一字の注字を与えるにとどめた。たとえば〈弓〉には〈矢〉の注をつける。〈太鼓〉には〈笛〉の注をつける。とくに意味をもたないで、サンスクリット音を転写するために用いる文字には〈梵語〉と注する。〈地名〉とか〈人名〉とかも、そのように注をつける。〈部姓〉を表わす文字には〈部姓〉と注をおく。このほかにも、〈真言〉とか〈助語〉とかの注を加えた（これらの注については、あとで詳説する）。

『同音』の注

①〈弓〉には〈矢〉の注をつける
②〈太鼓〉には〈笛〉の注をつける
③〈梵語〉の注をつける
④〈人名〉の注をつける
⑤〈地名〉の注をつける
⑥〈部姓〉の注をつける

注字二字を用いるときには、本字の下に並べて置いたが（もちろん右から左へ読む）、注字一字の場合、とくに二音節の単語で、注字から本字に移って読むことを示すのには、注字を右下側におき、本字から注字の方に読むべきときには、注字を左下側におく方法を用いた。

注字から本字へ読む

① ləw-《ラウ》 ②-nieɦ《ニイエ》 〈白い核（をもつもの）〉＝〈しゃこ、印度産の宝石硨磲《しゃこ》〉

本字から注字へ読む

①ʔyɨ-《イ》 ②-wi《ウイ》 〈去年〉

以上に述べた事柄が『同音』の表面に現われている組織である。作者が意図して編集した原則であるといってもよいであろう。私はこの『同音』をその後も繰り返して見ている中に、この資料のもつ別の価値をいくつか発見した。たとえば、いま述べた注字である。これは、はじめはただの注にすぎないと考えていたが、実際は意味の関連度を示す重要な一面を反映していることがわかってきた。これはおそらく、作者は意図していないが偶然に記録された事柄であろう。このような意図されていない記録は、それをはかる尺度が発見されなければ、永遠に価値をもつことがない。その反面、ある適切な尺度を見付け出すことができると、意図されていない記録だけにより真実なものとして、その記録は生きてきて、他の記録の有力な支えとしてはたらき得る。このこ

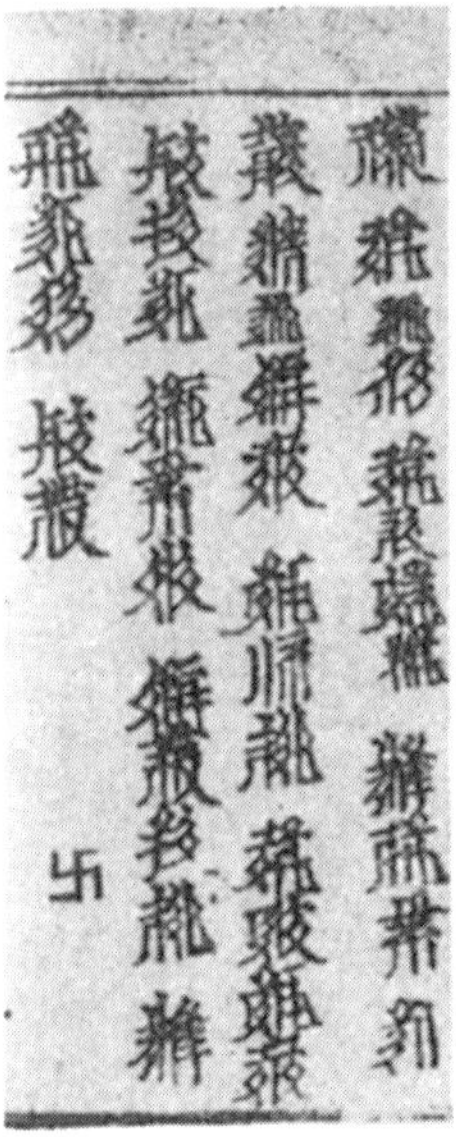

ダラニ（呪文）

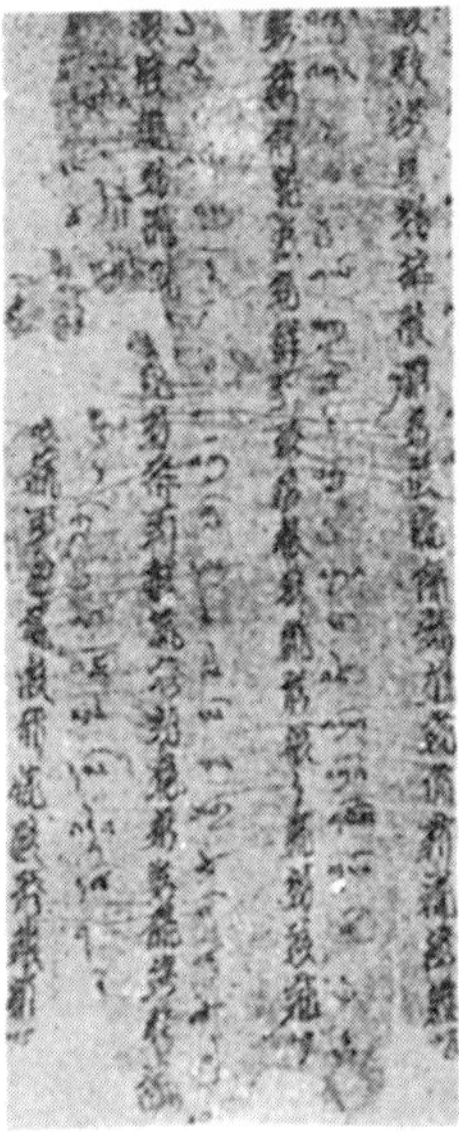

経典断片

『掌中珠』

とは、あとで意味の解読のところで述べよう。私はいまでも、この『同音』には、なおいくつもの秘密がかくされているような気がしてならない。

『同音』には、二、三の版本のちがいがあって、複製本とは、文字の分類の仕方がやや異なっている。この複製本のもとになった版本を旧版とよび、それとは別のやや完本に近い版本を新版とよびたい。新版ははじめと末尾を数葉欠いている。新版・旧版ともに、現在はレニングラードにあるアジア諸民族研究所に所蔵されていて、まとまった形ではそのほかにはどこにもない。

『同音』は、さきに述べたように全部西夏文字でうまっている。私がいま解説したようなこの書物の組み立てをどのようにして解明できたかについて、つぎにかいつまんで述べておきたい。

『同音』を解明する手段として、私はつぎの三つの資料を用いた。

1 漢字によって西夏語音を表記した資料。よく知られている『番漢合時掌中珠』がその代表である（前頁写真右）。

2 西夏文のわきに、チベット文字によってその発音を書いた断片。これには経典の断片が数片ある（前頁写真中）。

3 サンスクリットの呪文（ダラニ）を西夏音で写した資料。居庸関石刻はじめ、各経典中に含まれた呪文が資料になる（前頁写真左）。

さて、この三つの資料を利用して、どうするのかを述べる前に、これらの資料自体について、解説を加えることにする。

『番漢合時掌中珠』は、井上靖氏の『敦煌』では中国人趙行徳の作となっているが、事実は西夏人骨勒《こつろく》茂才がその作者である。骨勒とは契丹の系統を引く西夏人の姓であること以外、その作者がどのような人物であったか、まったくわからない。この原本は、現在レニングラードのアジア諸民族研究所に所蔵されているが、全部で六種類ものテキストが残っていて、その中の一本がほぼ完本に近い。その『掌中珠』は一一九〇年に作られ、全体で三十七葉からなる蝴蝶装の書物である。三十七葉の中、二十六葉目の右側全部が欠けているけれども、欠けたところは別の刊本から補うことができるから、今では『掌中珠』の内容は、ほとんど完全にわかっているといってよいであろう。ごく厳密にいうと、二、三個所に文字が不明なところと欠けたところがあるのみである。

『掌中珠』の大きい版本のちがいは、第七葉の最後に「この掌中珠は、三十七葉の中、さらに新たに十句を増加した」と書かれているかどうかにおくことができる。この文句が挿入されているのを増添本といってよいであろう。普通、私たちが見ているのはこの増添本からの複製本であって、もとの刊本はどのようであるかは、一般にはあまり知られていない。

この『掌中珠』の存在が学界に知られたのは、かなり以前のことで、今世紀のはじめごろである。中国では、不思議にこの書物は全く伝わらず、さきに述べたようにソ連のコズロフ探検隊が黒城《ハラホト》から将来した西夏遺品の中から、イヴァノフ教授が発見して世に出た。

当時すでに西夏文字の存在は知られていたが、まだほとんど研究されていなかったから、この西夏語と漢語を対訳した書物を発見してイヴァノフはとびあがったにちがいない。イヴァノフは『掌中珠』の中からわかり易い単語を選んで、その研究を発表した。一九〇九年のことである。

イヴァノフの論文はもとより『掌中珠』の完全な研究ではない。『掌中珠』の研究はいまでも大へん厄介なのである。その西夏語は東部地域の西夏語であったと私は考えている。

イヴァノフの与えた推定音は、今の研究段階ではほとんど誤っているが、この書物が出てきたお蔭で、お経ではなしに、西夏語の日常語がわかるようになってきた。これは大へんな意味をもっている。初期の西夏語研究はこの『掌中珠』の出現によって、一つの時期が作られたといってもよい。

いまでは、幸なことに、中国の西夏学者羅福成の手によって、この小冊子『掌中珠』が複製公刊されて、一般によく知られるようになった。この複製本が刊行されるにいたった経緯《いきさつ》もなかなか興味がある。

『掌中珠』の原本は、おそらくイヴァノフが、その後もずっと手許においていたものと考えられる。イヴァノフがたまたま一九一二年に北京で羅振玉《らしんぎょく》を訪れた際、『掌中珠』の写真一枚を見せた。羅振玉は、このテキストを高く評価して、さらに多くの写真を求めたところ、翌年イヴァノフから別の九枚が送られてきた。早速それだけを翻刻して公にしたが、その内容はわずかに十枚で、全体の約四分の一程度であった。そののち、なお数年たって、羅振玉の令息羅福成はイヴァノフからずっと完備した内容の『掌中珠』を写しとることができるようになって、一九二四年にそれを公刊した。この複製本もなお全体三十七葉の中、五葉と半分（全部で十一頁）を欠いていたが、まもなくこの欠けたところもわかるようになった。不思議なことに、当時ジャワにいたドイツの東洋学者ザッハがその欠けた五葉（頁七から頁十六にあたる）の写真をイヴァノフから入手して、それを日本にいた西夏語の研究家ネフスキーのもとに送ったのである。ネフスキーは石浜純太郎と共同で、その写真五枚に簡単な解説をつけて、京都の歴史学雑誌『史林』に発表した。一九三〇年である。羅福成はその後この五枚をも増補して、もっとも完備した内容の『掌中珠』を再度翻刻するに及んで、私たちは自由にこのテキストを利用できるようになった。それにしても、『掌中珠』の欠けた部分が、いずれもイヴァノフを通じて次第に入手した写真によって補足されて、しかもその間に数十年を経ているのは、まことに驚かざるを得ない事実である。

さて、『掌中珠』の内容についてふれておこう。この書物の序文に「三才（天地人）にしたがって、必要な事柄を一根に集めた」と書かれているように、まず天地人の三部門に大別して、その各部門がさらに、天体上、天相中、天変下、地体上、地相中、地用下、人体上、人相中、人事下というように九つの節に細分されている。それぞれの節にいくつかの単語がつぎのような形で並べられている。たとえば天体上の節には九つの単語がある。

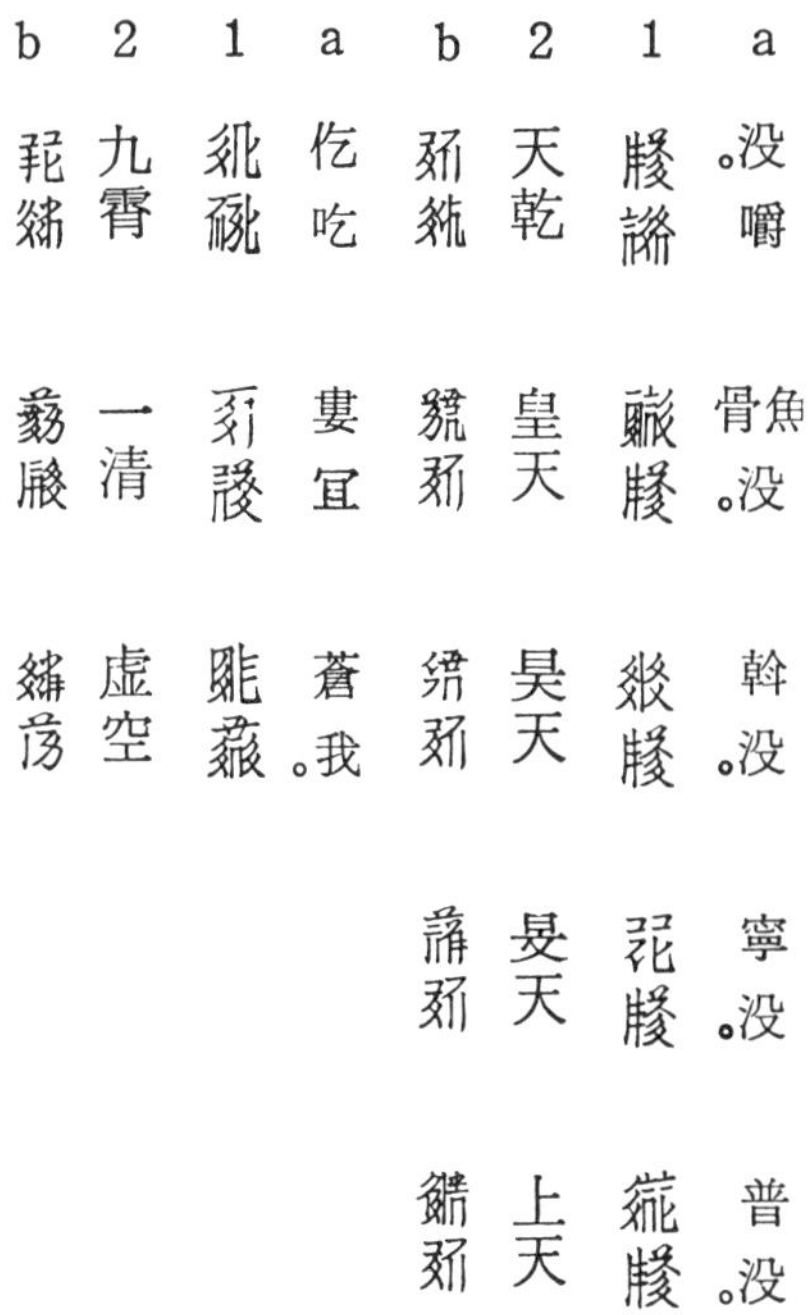

1の列と2の列は、西夏語と漢語が意味の上で対照されている関係であり、その関係を中心に、西夏語の右側にその発音を漢字で書き表わしたのがaであり、漢語の左側にその発音を西夏文字で書いたのがbである。

1とaの関係を〝対照A〟、2とbの関係を〝対照B〟と私はよんでいる。この対照は二つとも、西夏語音再構成のために重要な資料になる。対照Aに表われた注音方法をみると、西夏字一字に対して、漢字一字をあてている場合と、漢字二字をあてる場合がある。そして、漢字に特定

a　西夏語の発音を書いた漢字
1　西夏語
2　漢　語
b　漢語の発音を書いた西夏字

『掌中珠』の西夏字と漢字の対照関係

『掌中珠』対照Aのタイプ

漢字	番号	意味
暮	1	象
尼窄	2	野狐
°領	3	熊
°桑		粟
能。		沙狐
▫移則	4	豹

1　西夏字一字に漢字一字があてられている例
2　西夏字一字に漢字二字があてられている例
3　西夏字一字に特定の符号をつけた漢字一字があてられている例
4　西夏字一字に特定の符号をつけた漢字二字があてられている例

の符号をつけて用いているのと何も符号をつけないのがある。簡単に考えると、符号をつけないで西夏字一字に漢字一字をあてているときには、その漢字の音が西夏字の音にぴったり一致していたか、あるいは一致しなくてもよく似ていたことになる。ところが、漢字に何か特定の符号をつけるとか漢字二字を用いて西夏音を表記しているのは、その西夏音に合致するような漢字がなかったことを意味している。その上、漢字二字をあてている例をよく検討してみると、漢字の組み合わせ方に一定の規則があることがわかってきた。たとえば二字並べてあるはじめの字は、泥、宜、魚、夷、□移などの限られた数の漢字であり、それらの漢字と組み合わされる文字の発音もある範囲で限定されている。そして、たとえば泥浪、泥六のように泥といま一つの漢字を同じ大きさで並べて注音されている西夏字は、『同音』の中で、もっぱら舌頭音類（t- とか n- とかではじまる文字のグループ）に属しているとか、宜をはじめにする二字の結合、たとえば宜刮、宜則、宜会によって表記されている西夏字は、牙音類（k- とか ŋ- にはじまる文字のグループ）に入っているとかの関係もわかってきた。また、それにともなって、漢字の傍につけられた特定の符号がもつ意味もやがて大体明らかになった。たとえば、漢字の左肩に小さい□印がつけられている□縛とか□領は、当時の漢語にはなかった音声、f- と r- をそれぞれ表わさうとしていた。このような約束がいくつかある。漢字の左脇に。印をつけて表記しているのは、とくに必要なときに、その西夏文字が平声であることを示し、右脇に。印をつけたのは、その文字が上声であることを示したらしい。たとえば、〈天〉は平声であるために。没と書き、〈月〉は上声であるから力。と表記した。

□縛	[illegible]	花	*fạ
□領	[illegible]	馬	*rǐe
。没	[illegible]	天	*mʉɦ
力。	[illegible]	月	*lhɪ

もっとも、この漢字による注音は、必ずしも『掌中珠』全体を

通じて統一的に与えられてはいない。この注音は、著者である西夏人が耳で聞いたままを記録したものであり、あくまでも、中国の人が西夏語を勉強するときに、実際にある程度役に立てばよいという目的のために作られたものであるらしい。『掌中珠』はそのような性格の書物である。とはいってもこの注音に使われた漢字から、二つ以上の西夏文字が同じ発音をもっていたか、違った発音であったかは簡単に判断できるから、この中から、漢字を基準にして西夏字を集めると、同じ注音をもつ西夏字のグループがいくつも出来上ることになる。たとえば漢字没によって注されている西夏字の一群とか、尼卒で表記される一群とかが出来る。このグループがあとで、西夏語音再構成の実際の操作の上で、大きい役割を果すことになるのである。

『番漢合時掌中珠』がもっているもっとも価値のある点は、以上に述べた西夏字と漢字の発音の上での対照関係であるが、それとともに西夏語と漢語の意味の該当関係もまた、この文字の意味を解読するための得難い手掛りを提供する。その具体的な効用については、あとで（第五章）意味の解読のところで述べることにする。

西夏文字の右側にチベット文字がつけられて、その発音を写している文書は、さほど多く残っているわけではない。スタインの蒐集した西夏文書の中に、形のやや大きい断片が一枚あり、コズロフ・コレクションの中に数枚の断片があるだけである。スタインの蒐集断片は、アメリカの東洋学者ラウフェルがチベット文字をローマ字にかえて、「インナ・モスト・エイシャ」に載せている。コズロフ蒐集品の中の四枚は、以前にネフスキーと石浜純太郎が、そのテキストを録文して、西夏文字に漢字を与え、北京図書館の『西夏文専号』に発表した。これらの断片はいずれもお経の一部分であるが、何経の断片なのかはいまでもなおわかっていない。西夏字につけられたチベット文字も草書体であるため容易に判読し難いもので、ラウフェルほどのチベット学者でも、かなりの誤読があるようである。左に見本として出したのはスタイン蒐集の断片である。このチベット文字をローマに移し、西夏文字を楷書体に改めると、つぎのようになる。

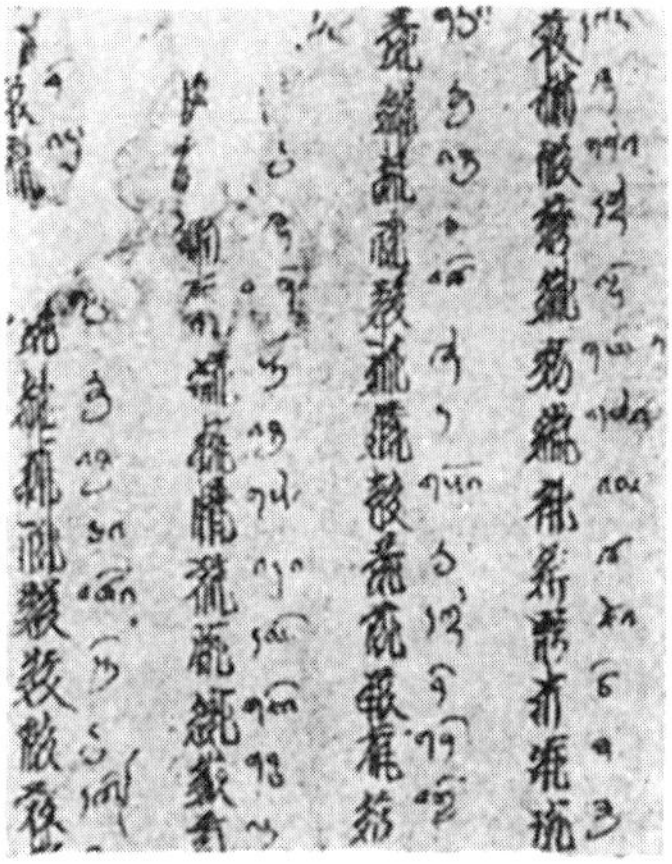

スタイン蒐集の西夏文書。行間にチベット文字による表音がついている。

d-wir	文
kh-ha	中
gneh̲	心
dghe	実
lhi	有
g-yih̲	謂
gseh̲	今
h̲bar	馬
wa	(姓)
dzeh̲	師
tsi	亦
tha	此
zu	如

g-ruh̲	世
r-mu	俗
h̲bu	随
sha	敬
h̲tshi	礼
zhe	法
ta	者
gsoh̲	三
ru	世
dk-he	界
ni	等
gni	二
bgyi	句

上の写真のはじめの二行分にあたる。西夏文字にはそれに該当する漢字を仮りに与えた。

残存しているすべての断片からその注音例を集めると、同じ西夏文字が幾通りものチベット字で写されていることがわかる。そのために、チベット文字による注音が重要な価値をもっていることは否定できないけれども、それのみにたよって西夏音を推定することは大へん危険である。この種の断片は、チベット文字を知っていた西夏人が、西夏文字で書いたお経を読誦するときの心覚えのために、その読み方をチベット文字で書き込んだものである。西夏文字のお経に、チベット文字でふり仮名をつけたわけである。

当初のネフスキーの研究は、はじめにも述べたように、このチベット字のふり仮名をもっとも重要視していた。たとえば、チベット文字で bgu, dguẖ と書かれているつぎの四つの文字にはすべて西夏音 *gu《グ》 を推定した。

[illegible] ＜真中＞　[illegible] ＜堅い＞　[illegible] ＜あたま＞　[illegible] ＜はじめ＞

この四字の中、はじめの二字は、『同音』の牙音類に、あとの二字は喉音類（x- とか ɣ- ではじまる文字のグループ）に所属するから、この『同音』の所属関係からだけでも、四字いずれも *gu《グ》 と読んだという推定が誤っていることは、すぐにわかる。＜真中＞と＜堅い＞には、当然 *g- を、＜あたま＞と＜はじめ＞には *ɣ- を、あたえるべきであった。チベット文字の中には ɣ-

を書き表わす文字がないために、gu と ɣu の音声のちがいを区別できても、その差別を文字で書き分けることができなかったのである。ネフスキーは『西夏文字抄覧』（一九二六）に、西夏字三百三十四字を集録しているが、いずれもチベット文字注音のみから、このような推定音をつけている。

第三の資料、梵語を写した西夏文字には、居庸関大字刻文がもっとも重要であるが、そのほかに、たとえば『聖なる智寿無量の総持』とか『聖なる摩利天母総持』などの経典の中に含まれる呪文がある。もっとも初期に西夏語音を推定したワイリーなりドゥベリアなりの仕事は、もっぱらこの梵語との対音関係を利用していた。

たとえば、居庸関に刻まれたダラニの一部をつぎに掲げてみよう。

この文字の繰り返しが、梵語のつぎの呪文にあたる。

1	2	2	2	3	3	4	4
oṁ	bhrūm	bhrūm	bhrūm.	śodhaya	śodhaya	viśodhaya	viśodhaya.

このように繰り返して表われる対照関係を集めると、数十の西夏文字がはっきりと梵語音に対

照されることになる。たとえば、この例からは、

oṃ bh rūm śo dha ya vi

の七字が対照される。各経典の中からダラニをすべて取り出せば決して少ない数ではない上に、ダラニを音写する方法は、大体一つのテキスト内部では統一のとれた態度でなされている。ことに、この資料では、梵語のa、i、u、oといったはっきりとした母音に対照されるために、これは、西夏語の母音の音価を決定するための有力な根拠になる。

さて、ここでこれら三つの資料を利用して、如何に西夏語音を再構成するかという問題に入る。まず、もっとも初歩的な手続として、私は第一の資料『掌中珠』の対照A、対照B、第二の資料チベット文字による注音、そして第三の資料、梵語音との対照関係、それらをすべて『同音』の組織の中に代入した。たとえば、重唇音類のはじめの小類には、西夏字が十一字所属している（左の写真を参照）。その中、3 9 10 11の四字には、資料Iの対照Aで漢字〝迷〟があてられ、九番目の文字には、資料IIで、チベット文字dbhi《ブヒィ》があたる。資料IIIでは、さきにあげたように、

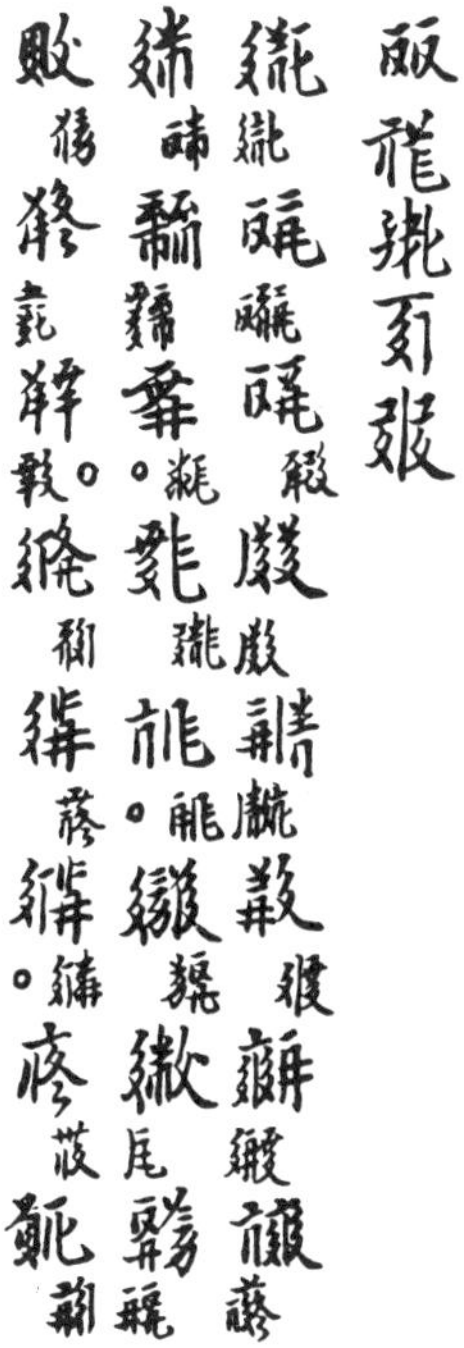

一番目の文字がサンスクリット vi の音写に使われている。

小類2には、二字のみが所属しているが、どの資料にも表記例がない。小類3は六字が一組になっていて、その中、二番目と三番目の字には、小類1と同じく、資料Iの対照A〝迷〟があたり、資料IIには、いずれも別の断片から、四番目の文字に dbhi《ブヒイ》 dbhiḥ《ブヒイ》 hbhiḥ《ブヒイ》 の注音を代入できる。資料IIIでは、四番目の文字がサンスクリットの m, ṁ の音写に使われる。

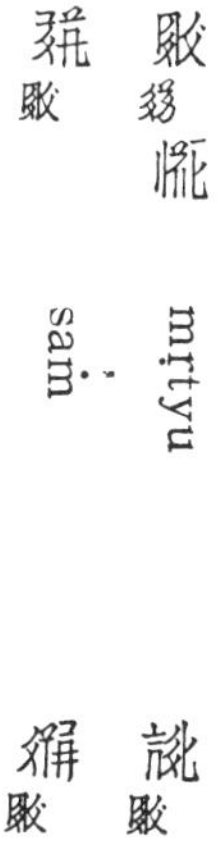

	梵語音	梵語音
	mṛtyu	nāṁ
	saṁ	māṁ

重唇音類小類123は、つぎのようになる。

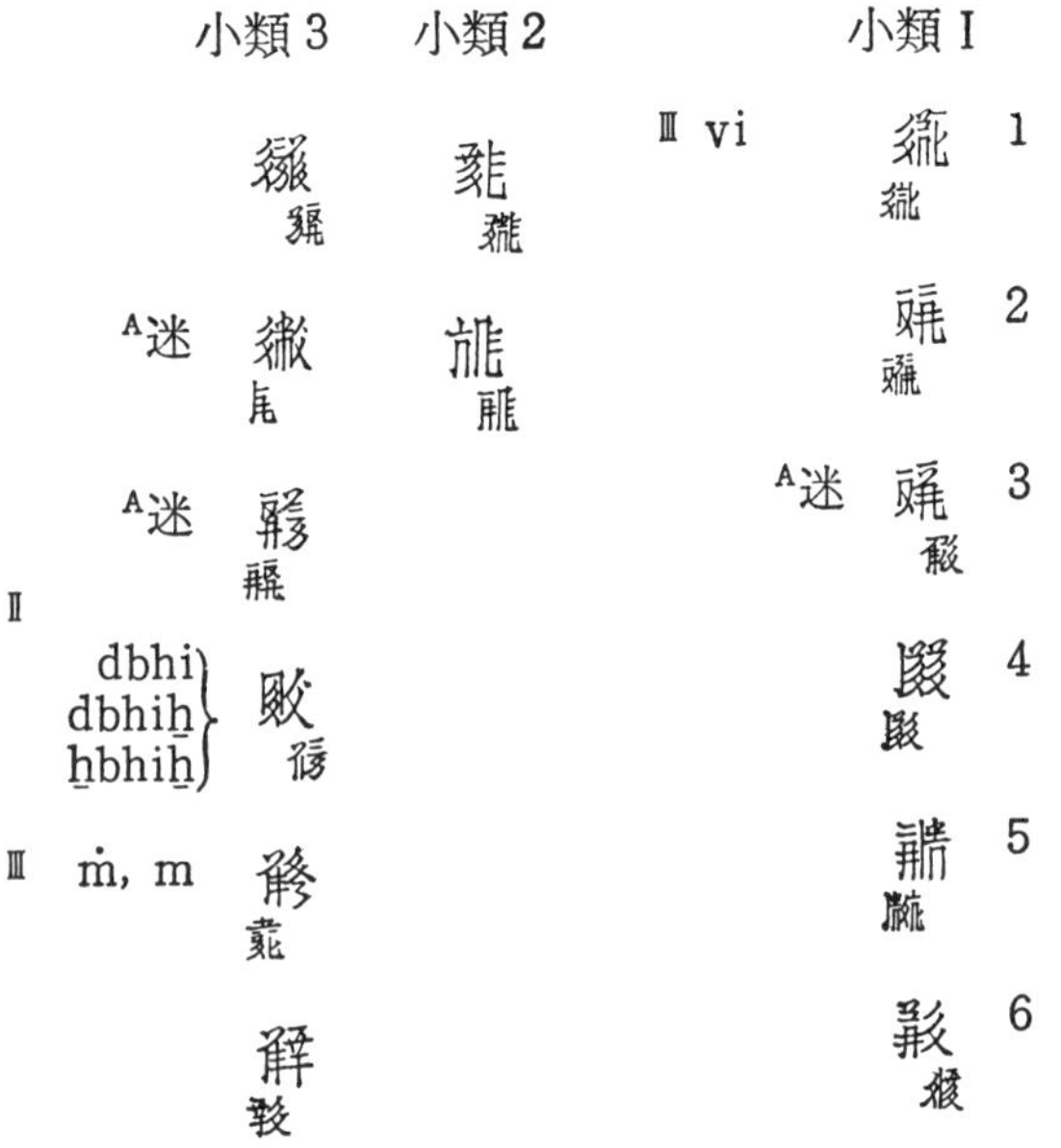

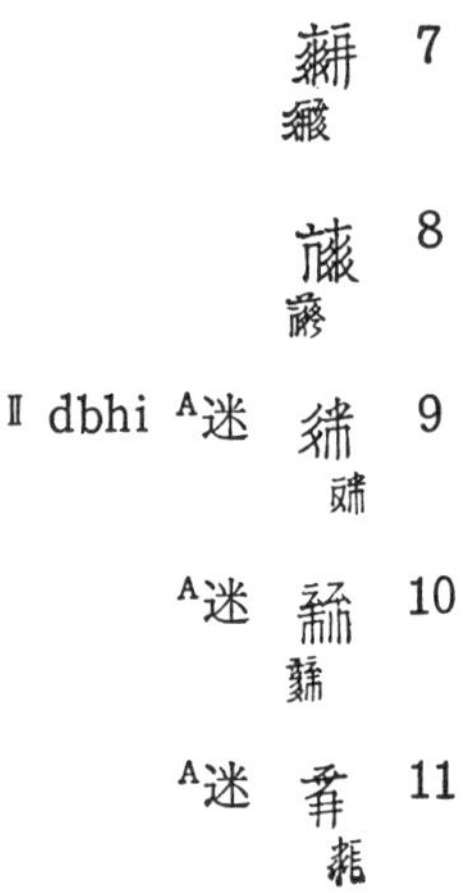

表記音のみを取り出して表にする。

資料	I	II	III
小類1	迷	dbhi	vi
小類2	×	×	×
小類3	迷	dbhi dbhiḫ ḫbhiḫ	m, ṁ

この小類は表音例をもつ文字が少なかったが、『同音』のすべての小類と独字に、このような表音資料を代入すると、いくつかの推定原則をたてることができるようになる。たとえば、漢語の〝迷〟(斉韻に属する)とチベット文字 -i, -iṅ があたるときには、西夏音 -i を反映していると考え、漢語の明母(mb-)(迷の初頭音は漢語で明母に属する)とチベット文字 hbh-dbh- が対照される場合には、西夏音 *mb- を推定するといったような方式である。

この方式にしたがうと、重唇音類小類1と小類3は、ともに発音 mbi《ムビ》 をもった文字であったと推定できる。そして、この mbi《ムビ》 は単に表記例をもった文字にだけではなくて、小類1の十一字、小類3の六字全体に適用されることになる。すると、小類1も3も共に mbi《ムビ》 であると、何故この二つの小類を分けたかが問題になるだろう。この問題はつぎのように解釈していた。はじめはこの小類に分ける基準を推定するのに、声調のちがいがどのように扱われているかよくわからなかったために、同じ発音を推定した小類がいくつか出てきた場合は、たとえば重唇音類で mbi《ムビ》 と推定した小類が1類、3類などと五度現われてくると、それらの各小類は、子音と母音は同じであったが、声調がちがったために区別されたと推定していた。別に『五声切韻』という西夏語の韻図が現存すると報告されていたから、その頃は西夏語の声調は五つあると思っていたので、上の mbi《ムビ》 は mbi_1《ムビ1》 mbi_2《ムビ2》 mbi_3《ムビ3》 mbi_4《ムビ4》 mbi_5《ムビ5》 のように示標をつけて、それが漢語の声調、陰平、陽平、上、去、入のいずれかに該当するのではないかと想定していた。ところが、『五声切韻』と名付けるテキストの五声というのは実は五つの声調のことではなく、五つの子音の性格を意味しており、西夏語の声調は平声と上声の二種類のみであることがわかり、その上かなり多くの文字の所属する韻類と声調類を知ることが出来るようになったために、さきの想定が誤りであったことが次第にはっきりしてきた。ここで初歩的な段階から第二の研究段階に入った。

はじめの段階で、いくつかの推定原則をたてたが、実のところその方式自体を支持する西夏人の資料に欠けていた。いいかえると、さきに扱ったように、重唇音類小類1（十一字）に mbi^1《ムビ1》を、小類3（六字）に mbi^2《ムビ2》を推定したが、小類1と小類3の mb-《ムブ》が同じ単位であり、両者の -i《イ》も同じ一つの西夏語の単位であるという証拠としては、資料IとIIで同じ条件、つまり同じく漢字〝迷〟で写され、チベット文字 dbhi《ブヒイ》で注音されているという点だけで、西夏人がそれらを同一の単位と見做していたかどうかは別問題としていた。もちろん、これは十分な根拠ではないにしても、限られた資料の範囲で扱う限り、有力な論拠であることは間違いがなかった。ところが幸いなことに、この論拠をより積極的に証明できる根拠が出てきた。それは西夏人が『同音』とは別の基準から整理した韻書を用いることである。この方法が手っとり早くそして決定的であることは、以前からわかっていたが、そのテキストを扱うことができなかったのである。その中に、まず『文海』がある。この韻書について少し説明しよう。

『文海』は上・下二巻からなる蝴蝶装の書物である。まず声調の違いによって分け、平声の部は上巻に、上声の部は下巻に入っている。上巻平声の部のみが現存していて、約二千六百字を収録し、それを九十七韻に分ける。平声第一韻には六十字の西夏字が属し、おのおのの文字には三つの事項が説明されている。(1)文字の組み立て、たとえば〝泥〟は〝水〟の偏と〝土〟の全体から出来るといった説明、(2)意味、たとえば、〈泥とは水と土を和《こね》れば泥也〉に類する説明、(3)反切による発音の表示（これらはあとで詳しく述べる）。

『文海』は大体中国の『広韻』の体裁を模倣して作った韻書である。これが平声の部しか残っていないのはまことにおしい。『文海』と同じような体裁の韻書がもう一つある。『文海宝韻』と名付けられる。この書物は写本であり、平声と上声の二部から成っていたにちがいないが、幸いあとの部分が残っていた。上声の部は八十六韻に分類されている。それ故、平声韻のみが現存する『文海』と補い合う資料として、この韻書を利用することができた。ところが残念なことに、レニングラードのアジア諸民族研究所（旧アジア博物館）に所蔵されているはずの『文海宝韻』はいつの間にか紛失してしまった由である。この資料は再び発見されることがないかも知れない。

『文海』『文海雑類』という韻書もある。これは刊本ではあるが、ごく一部分しか現存していない。声調と韻類によって配列されるとともに『同音』と同じように子音の性質をもとに細分されている。所属する文字につけられた説明は、『文海』と全く同じ体裁をとっている。『文海宝韻』がないいまは、これも『文海』の不足を補う資料として重要である。

西夏人は、中国の音韻学にならって、一つの音節、たとえば pǎ という音節を p- の部分（声母）と -a の部分（韻母）と声調に分けた。『文海』『文海宝韻』は、この -a の部分と声調の違いを基準にして西夏文字を分類した韻書である。『同音』は p- の部分（声母）を中心にして、その上で -a の部分（韻母）の相違で細分し、『文海雑類』は、三つの部分を基準に西夏文字の帰属を決めた韻書である。いま一つ変った分類の韻図に『五声切韻』があるが、これはあとで述べることにする。

これらの韻書によると、西夏語の -a にあたる部分すなわち韻の種類は、平声では九十七韻上声では八十六韻あった。西夏語が、このような複雑な韻類をもっていたとは、あるいは一般には信じられないかもわからない。私も当初は、この韻類が真実の西夏語の体系を反映していないのではないかと疑いをもった。西夏語がチベット・ビルマ語系に属する言葉であれば、もっと単純な韻類をもっていたにちがいないと考えていた。事実、上にあげた資料Ⅱチベット文字による注音とか、資料Ⅰの漢字による注音を手掛りとすると、そのように推測せざるを得なかった。そして

『文海』が平声九十七韻を、『文海宝韻』が上声八十六韻をといった細かい区別をたてているのは、何らかの作為、たとえば中国の韻書『広韻』（平声五十七韻、上声五十五韻、去声六十韻、入声三十四韻、計二百六韻）の一部を模倣したとか、あるいは中国語からの借用語の韻母を含めたためであるとか、西夏語自体の体系から遊離した韻母の分類法が採用されたことによるのではないだろうかと疑いをもっていた。しかし、この考えが誤っていたことは、ほどなく明らかになった。チベット・ビルマ語系の言葉でも、算定の基準を改めると、この程度の韻母の区別は当然あり得るのである。たとえば、もっとも代表的な言葉として、チベット語を対象としよう。チベット文語はa、i、u、e、oの五つの母音を、より古い段階の古代チベット語では、それにïを加えた六つの母音をもっていた。チベット語の母音体系は現代語ではもっと複雑になっているが、古くはこのように極く単純であった。ところがこの母音が四種の中間子音（介母）-r-, -y-, -l-, -w- と結び付く。これに介母をもたないタイプを加えると、まず5×5＝25種類の結合が出来上る。たとえば -ra《ーラ》, -ri《ーリ》, -ru《ール》, -re《ーレ》 といった結合である。この二十五種の結合に、今度は末尾子音十種 -ŋ, -n, -m, -l, -r, -s, -h̲, -b, -d, -g がつづく。かりにすべての結合が現われてすき間がなかったと仮定すると、これに末尾子音をもたない形が加って、チベット語にも全体で、25×11＝275 種の韻母があったことになる。いまこの形態が変化して、末尾子音 -ŋ, -n, -m が一つの子音となり、-l, -r, -s, -h が別の一つの子音に、そして -g, -d, -b も一つの子音にまとまった体系を仮定すると、これに末尾子音をもたない形が加わるから、この体系では25×4すなわち百種の韻母が対立したことになる。母音が五つ以上であればこの韻母の数はずっと殖える。それだから、『文海』が平声九十七韻を記録し、『文海宝韻』が上声八十六韻に分類したにしても決して多い数とはいえないであろう。このことがわかると、さらに重要な事柄に気が付いた。それは『同音』の各部類に含まれる独字についてである。たとえば、重唇音類には百四十七の小類のほかに独字として百十二字があった。私は、はじめはもっぱら外国語音を音写する文字とか漢語からの借用語、擬声語などを書き表わす文字が、この独字に属する場合が多いことはわかったけれども、かなり多数の文字が『同音』で独字としてまとめられている理由をはっきりさせることができなかった。しかし、平声九十七韻、上声八十六韻という事実によって、この独字という項目がたてられている意味が明らかになった。かりに、重唇音類に属する初頭子音が p-, ph-, mb-, m- の四種であって、それらの子音がすべて九十七の平声韻のそれぞれとすき間なしに結合したとすると、97×4すなわち三百八十八音節が成立し得たことになる。これは最大限可能な音節数であって、実際には、この連続関係にかなり多くのすき間があったと考えられる。かりに三十パーセントのすき間があったとすると、二百七十一音節が成りたつ。百四十七の小類が百四十七音節を代表し、独字の百十二字もまた百十二音節を代表していると仮定しても、全体で二百五十九音節になって、上に掲げた音節数二百七十一よりも少ない。つまり独字とは、文字通りその音節が唯一つの文字によってのみ表記されたものであると考え得る十分の根拠が成りたった。さきに独字の性格を述べたのは、このような根拠によっている。

ここでちょっとおことわりしておくが、平声韻九十七、上声韻八十六といっても、韻母の種類が総計百八十三あったことにはならない。というのは、平声韻と上声韻の間には、声調の違いだけで、韻母そのものの形は同一であった韻類が含まれている筈である。もっとわかり易くいうと、平声（平らな調子で発音する）-a˥ と上声（昇る調子で発音する）-a˩ は、全体を見れば実際には違っているが、-a の性格だけを問題にすると、同じ単位として扱ってよい。それ故、どの平声韻とどの上声韻が同じであったかをいちいち決めていかなければならない。その手続は、さほどむつかしくはなかった。『文海』にはおのおのの平声韻の代表字があげられている。『文海宝韻』にも上声韻の代表字がのっている。私はこの代表字の選び方に一つの原則があることを発見した。これらの代表字が属する『同音』の小類を検討した結果、それらの代表字は、原則として、同じ声母をもつ音節から選ばれていることに気付いた。たとえば、平声1韻の代表字は重唇音類小類二十九から選ばれていると、上声1韻の代表字も同じところに属している。平声2韻の代表

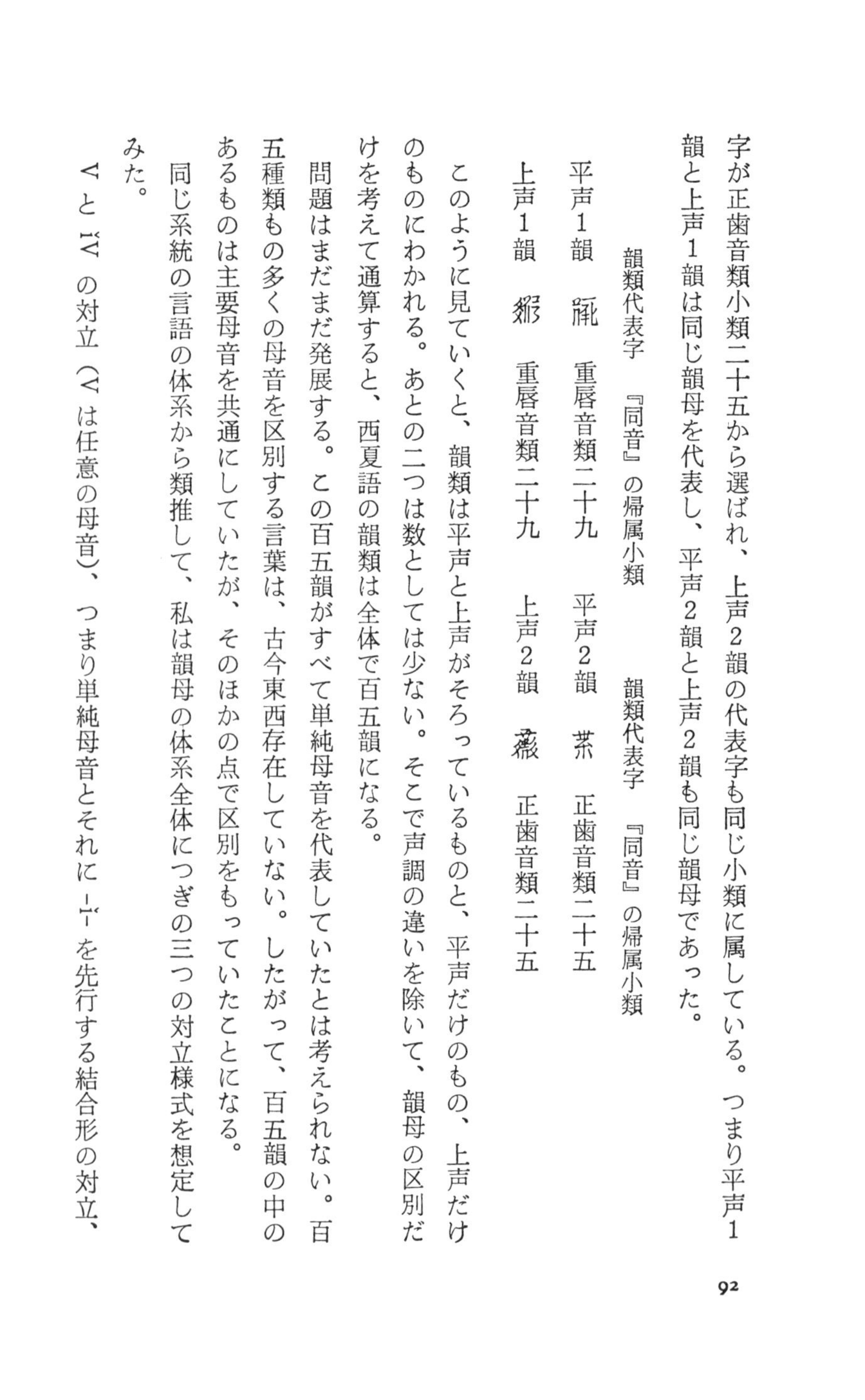

字が正歯音類小類二十五から選ばれ、上声2韻の代表字も同じ小類に属している。つまり平声1韻と上声1韻は同じ韻母を代表し、平声2韻と上声2韻も同じ韻母であった。

	韻類代表字	『同音』の帰属小類		韻類代表字	『同音』の帰属小類
平声1韻	[illegible]	重唇音類二十九	平声2韻	[illegible]	正歯音類二十五
上声1韻	[illegible]	重唇音類二十九	上声2韻	[illegible]	正歯音類二十五

このように見ていくと、韻類は平声と上声がそろっているものと、平声だけのもの、上声だけのものにわかれる。あとの二つは数としては少ない。そこで声調の違いを除いて、韻母の区別だけを考えて通算すると、西夏語の韻類は全体で百五韻になる。

問題はまだまだ発展する。この百五韻がすべて単純母音を代表していたとは考えられない。百五種類もの多くの母音を区別する言葉は、古今東西存在していない。したがって、百五韻の中のあるものは主要母音を共通にしていたが、そのほかの点で区別をもっていたことになる。同じ系統の言語の体系から類推して、私は韻母の体系全体につぎの三つの対立様式を想定してみた。

V と ĭV の対立（V は任意の母音）、つまり単純母音とそれに -ĭ- を先行する結合形の対立、たとえば「ア」と「イア」、つぎにはVと ʷV の対立、つまり単純母音とそれに -w- を先行する結合形の対立、たとえば「ア」と「ウア」、これは中国の音韻学でいう開口韻と合口韻にあたる。最後にVとVɦと$V^{\sim}$とV_rの対立をたてる。これはちょっとややこしいが、末尾に子音をもたない単純母音、たとえば「ア」と有声の摩擦音をもつ母音「アㇵ」と鼻音化した母音「アッ」と捲舌《まきじた》音にする母音「アㇽ」の対立である。この想定にたって、かりにVがa母音である場合をあげると、つぎの十六の韻母の形を推定することが理論的には可能である。

a : ǐa : ʷa : ǐʷa　　ア：ィア：ゥア：ィゥア
ã : ǐã : ʷã : ǐʷã　　アン：ィアン：ゥアン：ィゥアン
aɦ : ǐaɦ : ʷaɦ : ǐʷaɦ　　アㇵ：ィアㇵ：ゥアㇵ：ィゥアㇵ
ar : ǐar : ʷar : ǐʷar　　アㇽ：ィアㇽ：ゥアㇽ：ィゥアㇽ

このような繁雑な対立は、実際にはなかったにちがいないが、かりにこの一組の対立がすべての母音に全部現われていて、しかも一つの韻類が一つの韻母を代表しているとすると、西夏語の母音は、全体で七つあれば十分なことになる。しかし西夏語はそう簡単なものではなかった。

まず、一つの韻類が必ずしも一つの韻母を代表していないことを説明しよう。

たとえば、上に述べた平声一韻と上声一韻の一対の韻類は、資料Ⅰの漢字による表音例の大部分が漢語の模韻（-ɯ）に属しており、資料Ⅱではチベット文字 -u -uḥ があてられ、資料Ⅲではサンスクリットの -ū の音写に、この韻類に属する文字が用いられているから、この韻類には、ただ一つの西夏語韻母 *-ɯ を推定するだけでよい（実際には -ɯ に2類あってのちに問題になる一一六頁以下参照）。

つまり、ここでは韻類すなわち韻母の関係になる。ところが、平声三十三と上声三十の一対の韻類では、資料Ⅰの漢字による表音で、漢語の台、灰、泰韻（-æ）が対照され、資料Ⅱのチベット文字の表音では -i, -iḥ, -e があてられた。

この韻類には、その対照関係のみではなく、初頭音が牙音《がおん》類（k- などではじまる一群）に属する独字のグループで、漢字開 khæ によって表記される文字と、漢字 盔 $kh^wæ$ による文字の二字の対立がある。これは開口韻と合口韻、すなわちさきにあげた V と ^wV の対立を代表していたにちがいないから、この韻類には、主要母音は同じであるが中間音が相違した二つの韻母、開口韻 *-ɛ と合口韻 $*-^wɛ$ の二つがあったと認めざるを得ない。

[illegible] *khɛ《クヘ》 〈みなぎらせる？〉　[illegible] $*kh^wɛ$《クウヘ》 〈発展させる〉

このような手続で、平声一韻からはじめて、各韻類の代表する韻母を推定していく中に、平声・

上声を通算した全体百五韻の韻類は、主要母音、たとえば -u とか -ɛ とかを共通にした韻類ごとにまとめて並べられていることがわかってきた。たとえば、平声一韻から平声七韻までは -u または -ʊ を主要母音とするグループである。この -u と -ʊ の対立というのは、たとえば英語の food [fu:d]〈食物〉と foot [fʊt]〈足〉の母音のような堅いと軟かいのちがいと思えばよい。

平声1＝上声1　*-u　　平声2＝上声2　*-ĭu

平声4＝上声4　*-uɦ　　平声3＝上声3　*-ĭuɦ

平声5＝上声5　*-ʊ

平声6（上声なし）　*-ʊɦ　　平声7＝上声6　*-ĭʊɦ

このようなまとまりを〝攝〟とよぶことにする。

西夏語の韻類を〝攝〟にまとめると、全部で二十二攝になった。しかもそれらの攝が、主要母音の発音方法のちがいによって三つの大きいグループに分かれ、それぞれのまとまりごとに順に並べられていることも推定できるようになった(平声94, 95, 96, 97は特別で、この攝に属さない)。

第一攝から第九攝までは、普通に発音される母音。

第十攝から第十六攝までは、のどを緊めて発音する母音（緊喉《きんこう》母音）。

第十七攝から第二十二攝までは、捲舌《まきじた》音化して発音する母音（捲舌母音）。

したがって、『文海』『文海宝韻』の配列は大きいまとまりからいうと、三つの発音方法→攝→韻類→韻母の順にしたがっていることがわかる。具体的に示すと、たとえば、韻母 -ɑ は、平声一韻=上声一韻であり第一攝に入り、普通に発音された母音のグループに属する。

西夏語の主要母音の性質を推定すると、全体で普通母音十三、緊喉《きんこう》母音十一、捲舌《まきじた》母音十三となって、つぎのような体系をもっていたと考えられる。

i　ɨ　ʉ　u
　I　　U
　e　　o
　ɛ　ə　ɔ
　a　ɑ
普通母音

ị　ɨ̣　ʉ̣　ụ
　Ị
　ẹ　　ọ
　ɛ̣　　ɔ̣
　ạ　ɑ̣
緊喉母音

ir　ɨr　ʉr　ur
　Ir　　Ur
　er　　or
　ɛr　ər　ɔr
　ar　ɑr
捲舌母音

さて、『同音』のシステムと『文海』『文海宝韻』のシステムの関係を検討するために、さきに述べたように所属韻類がわかっている文字を全部『同音』の小類の中に代入した。その結果、たとえば平声一韻に属する文字で重唇音類に入るものは、29、34、35の三つの小類に限られていることがわかった。同じ韻類に属する文字が、このように『同音』の中で、一つ以上の小類に現われてくる事実は、それらの小類が代表した西夏語の発音が、韻母（母音）は同じであったけれども、声母（子音）の性格で違っていたことを意味している。たとえば、いまの例で、重唇音類小類29、34、35に平声一韻が代入されるという事実は、これらの三つの小類が共通した韻母をもっていたが、声母の点で対立した関係にたっていたことを意味し、そのために『同音』の作者が三つの小類に分けたことになる。この声母の性格をかりにX、Y、Zによって代表させて、つぎのように書き表わそう。

小類	29	34	35
	X-u	Y-u	Z-u

このX、Y、Zの価も、さきにあげた三種の資料によって、さほど面倒なく推定できるのである。まず小類29に入る文字は、『掌中珠』で漢語のm-にはじまる文字で写されるから、Xにはm-を推定できる。小類34には『掌中珠』で漢語のph-があてられ、チベット文字ph-で写されるから、Yにはph-を、小類35に属する文字が『掌中珠』で漢語のpuの発音を書き表わすのに使われているから、Zにはp-をそれぞれ推定できる。つまりつぎのようになる。

小類	29	34	35
	*m-u	*ph-u	*pu-u

たとえば、この音節を代表する単語に、つぎの単語がある。

29　mu　[illegible]　〈序〉

34　phu　[illegible]　〈土地（坤）〉

35　pu　[illegible]　〈部姓（北）〉

この中、小類34と35はとくに問題はないが、小類29はちょっと厄介な問題を含んでいる。実は、このテキスト（『同音』複製本）では、小類29は全体で十五字から成るが、『文海』『文海宝韻』の所属韻を調べてみると、それらの文字が一律に同じ韻類に属さないのである。はじめの六字は上声三十韻に属し、あとの九字の中、六字が平声一韻に、残りの三字が上声一韻に入っている。

重唇音類
小類29

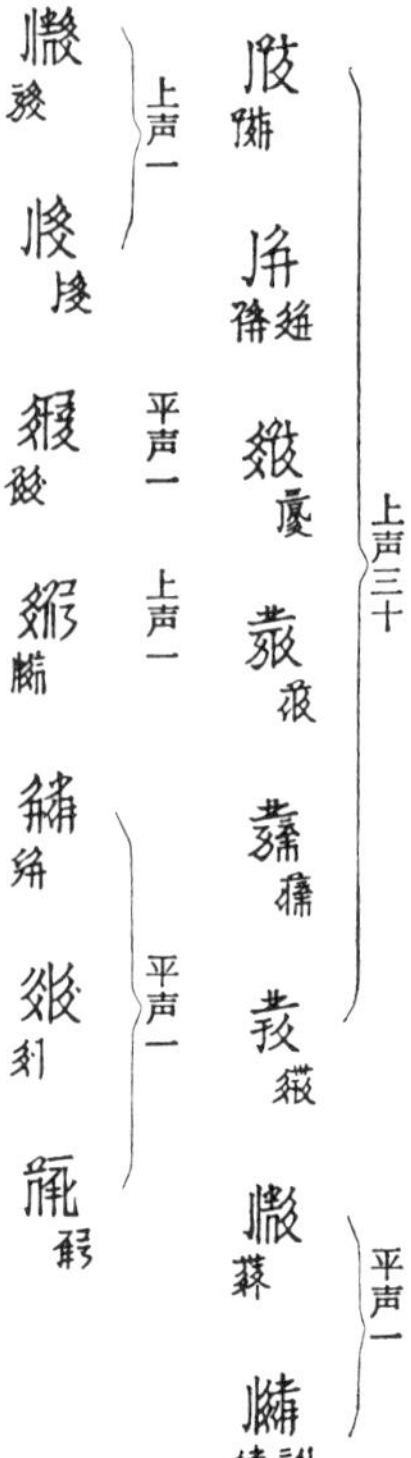

それ故、『同音』の重唇音類小類29は、『文海』『文海宝韻』のシステムと照合すると、中間に小円が一つ脱落していることになる。つまりこの小類には六字目と七字目の間にひと区切りがあったはずで、小類29を実際には 29a と 29b の二つに分けておかねばならないことがこれでわかった。この事実は、資料Ⅰ『掌中珠』の漢字表記に反映した違い、具体的には 29a には対照Bの〝妹〞があたり、29b には対照Aの〝沐〞〝謀〞があたるという違いから予想できたけれども、『文海』『文海宝韻』の韻類から、その区別がいっそう確実になった。

全体からみると、このような特別な関係にある小類は、数としては多くはないから、大体において『同音』(複製本)の小類の分け方を信頼してよさそうである。

西夏語の声母・韻母・声調の対立関係は、このように同音の各音類内部で区切られた小類の対立として、もっとも明瞭に現われてくる。

声調の対立は別として、一種類の韻母と一種類の声母の結合形式は、『同音』の内部では一つの小類以上には現われないという前提にたって、小類間の対立を考えると、つぎの三つの条件のいずれかにあたっていることになる。

(1)　韻母は同じであるが、声母が違っている関係

(2)　声母は同じであるが、韻母が違っている関係

(3) 声母も韻母も違っている関係

それで声母の推定は、この中、とくに第一の条件にある対立関係を取り出して、さきにあげたような方法で、X、Y、Z……の未知の価を推定していった。このX、Y、Zに類して対立する声母を代表する単位は、重唇音類で四種、軽唇音類で四種、舌頭音類で六種というようにまとめていくと、全体で五十種類あることになった。そして、各単位の音価を推定する方式を五十種類たてた。たとえば、『同音』の重唇音類に入っていて、『掌中珠』で漢語の幫母（p-）にあたるとか、チベット文字資料で p- で写されるとか、または梵語の p- にあたるときには、その単位には西夏語 *p- を推定するといった方式である。もちろん、このあとの三つの条件をすべて具えていなくて、その中の一つだけでも同じように西夏語 *p- を推定した。

その結果、西夏語の声母はつぎのような性格をもった五十種類の子音から成り立っていると結論した。

西夏語声母（子音）表

重唇音類	p	ph	mb	m
軽唇音類	f	v	ɱv	w

舌頭音類	舌上音類	牙　音類	歯頭音類	正歯音類	喉　音類	流風音類
t	ṭ	k	ts	tš	x	l
th	ṭh	kh	tsh	tšh	ɣ	ɬ
nd	ṇḍ	ŋg	ndz	ndž	ʔy	lh
n	ṇ	ŋ		ň	ʔw	r
nr		ŋɣ	s	š	ʔ	ʁz
nh		ŋh	sth	ňtšh	ɣk	ʁ
		ŋz	tshl			ňž

第二の研究段階では、同音のシステムと『文海』『文海宝韻』の韻類を基準に、いろいろの性格の注音資料を鍵として、私は西夏語の韻母と声母の再構成を進めた。そして上に述べたような結論を得た。しかし、この段階では、なお、推定根拠をまったくもたない小類と所属する韻類を知るすべがないが韻類以外に、たとえば漢字による表記例から推定根拠をもっている小類が不安定なものとしてのこった。また声母の推定には、西夏の人が果してそれらを同じ単位と見做していたか、違う声母と見做していたかを決定する資料の支持に欠けていた。もちろん、西夏人の決

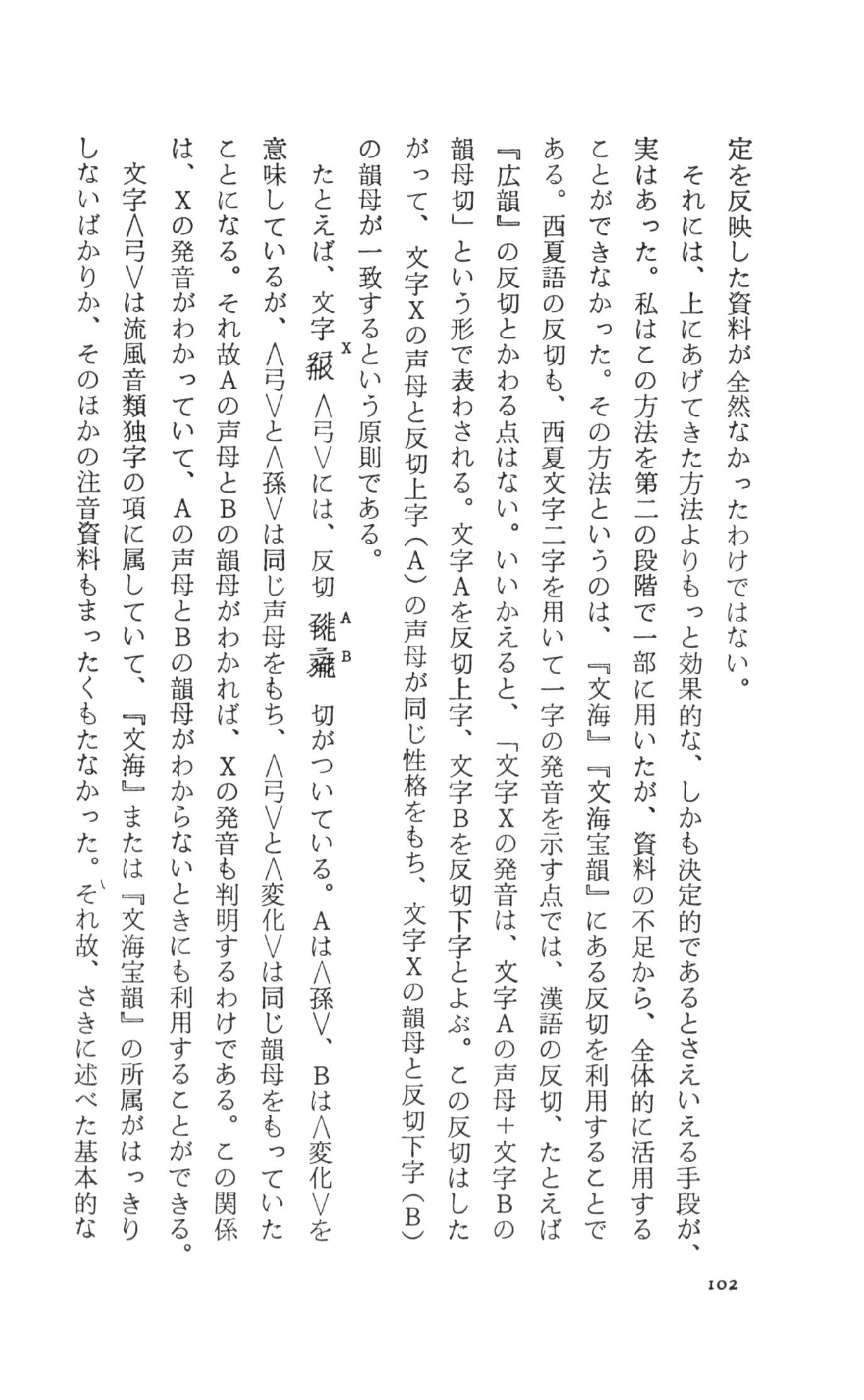

定を反映した資料が全然なかったわけではない。

それには、上にあげてきた方法よりもっと効果的な、しかも決定的であるとさえいえる手段が、実はあった。私はこの方法を第二の段階で一部に用いたが、資料の不足から、全体的に活用することができなかった。その方法というのは、『文海』『文海宝韻』にある反切を利用することである。西夏語の反切も、西夏文字二字を用いて一字の発音を示す点では、漢語の反切、たとえば『広韻』の反切とかわる点はない。いいかえると、「文字Xの発音は、文字Aの声母＋文字Bの韻母切」という形で表わされる。文字Aを反切上字、文字Bを反切下字とよぶ。この反切はしたがって、文字Xの声母と反切上字（A）の声母が同じ性格をもち、文字Xの韻母と反切下字（B）の韻母が一致するという原則である。

たとえば、文字[illegible] X ∧弓∨には、反切[illegible] A [illegible] B 切がついている。Aは∧孫∨、Bは∧変化∨を意味しているが、∧弓∨と∧孫∨は同じ声母をもち、∧弓∨と∧変化∨は同じ韻母をもっていたことになる。それ故Aの声母とBの韻母がわかれば、Xの発音も判明するわけである。この関係は、Xの発音がわかっていて、Aの声母とBの韻母がわからないときにも利用することができる。

文字∧弓∨は流風音類独字の項に属していて、『文海』または『文海宝韻』の所属がはっきりしないばかりか、そのほかの注音資料もまったくもたなかった。それ故、さきに述べた基本的な手続だけではその発音を推定できなかったが、この反切法を利用すると、自動的にその発音を再構成できるようになった。

反切上字〈孫〉は *lhi《ルヒ》、反切下字〈変化〉は ndzɨ《ンジ》であるから、これを結合すると、問題の〈弓〉は、同じく平声六十九韻に属して *lhɨ《ルヒ》であったことになる。

たしかに、この一例によっても明瞭であるように、反切を利用することは、個々の文字の発音を再構成するために確実な根拠を得るだけではなくて、反切全体を整理することによって、対立関係のみを提示した同音の枠付けよりもずっと具体的に、どの文字とどの文字が同じ性格の声母をもち、どの文字とどの文字が韻母を共通にしていたかをはっきりと指示できるようになる。いいかえると、反切上字を全部帰納して声母の単位を定め、反切下字をも全部帰納して韻母の種類を決定すると、理論的には西夏語の音体系の骨組みは、すっかり明白になるはずである。

この反切の整理は、確かに同音の抽象的な体系と補い合うもっとも信頼できる具体的な手段であった。反切にはこのような重大な価値が秘められている。

ところが第二の段階では、残念ながら、この反切が部分的にしかわからなかった。それで私は、この方法を補助的な手段として用いるほかはなかった。

一九六五年以後、私は新しい研究段階に入ることができた。というのは、羅福成の複製本でない『同音』のほかに、さきにあげた『文海』『文海雑類』『五声切韻』の原本を見ることができ、それらの内容を利用できるようになったからである。これには、何よりも、レニングラードのアジア諸民族研究所の好意に感謝しなければならない。

まず、『文海』から述べよう。『文海』の体裁についてはさきに概略を書いたが、保存されている原本の実体は、はじめの一、二、三葉、すなわち一頁から六頁にあたる部分が欠け、実際には、第四葉（七頁目）から残っている。第四葉には、平声第三十六韻から第九十七韻までの韻類代表字が掲げられているから、欠けている一、二、三葉には序文とそれにつづいて平声第一韻から第三十五韻までの代表字が列挙されていたにちがいない。四葉から七葉まではいま貼り付けられている順序が少し違っていて、つぎのように改めるべきである。

			正				正
第四葉右	（7頁）	韻類代表字	（7頁）	左	（8頁）	平声1韻a	（8頁）
第五葉右	（9頁）	平声2韻a	（12頁）	左	（10頁）	平声1韻d	（11頁）
第六葉右	（11頁）	平声1韻c	（10頁）	左	（12頁）	平声1韻b	（9頁）
第七葉右	（13頁）	欠	（13頁）	左	（14頁）	平声2韻c	（14頁）

つまり、平声二韻b（13頁目）が欠けていることになる。そのほか内容を調べてみると、平声、

三十五韻と三十六韻の文字が完全ではなく、四十五葉の左頁、四十六葉全部、四十七葉の右頁が欠けていることがわかった。原本はいまは四十五葉の右頁と四十七葉の左頁がつないで貼り合わされている。しかし、この欠けた部分は、ほかにのこっている『文海』の残巻資料から補うことができるかも知れない。

さて、『文海』の内容に話を進めると、たとえば平声一韻のところでは、代表字が見出しとしてあげられ、そのあとに所属文字五十九字が並べられている。各文字にはそれぞれ解説がついていて、たとえば一番はじめの文字は、つぎのように書かれている。

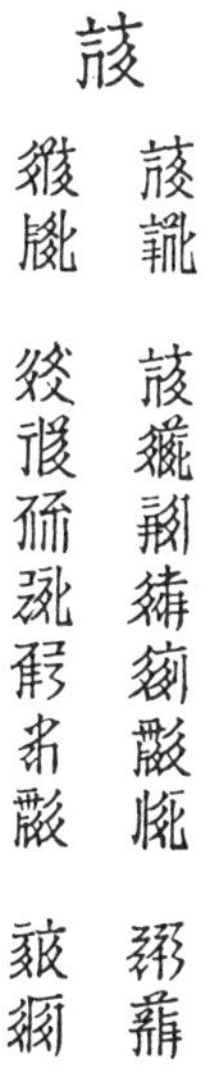

これを逐字的に漢字に置き換えると、つぎのようになる。

所属字	文字の分析	意味の解釈	反切
X	A偏	X者部姓名也復	CD
	B傍	部長之頌言亦也	切四

もう少しわかり易くこの例を説明しよう。「文字Xは、文字Aの偏すなわち[illegible]と文字Bの傍《ぼう》す

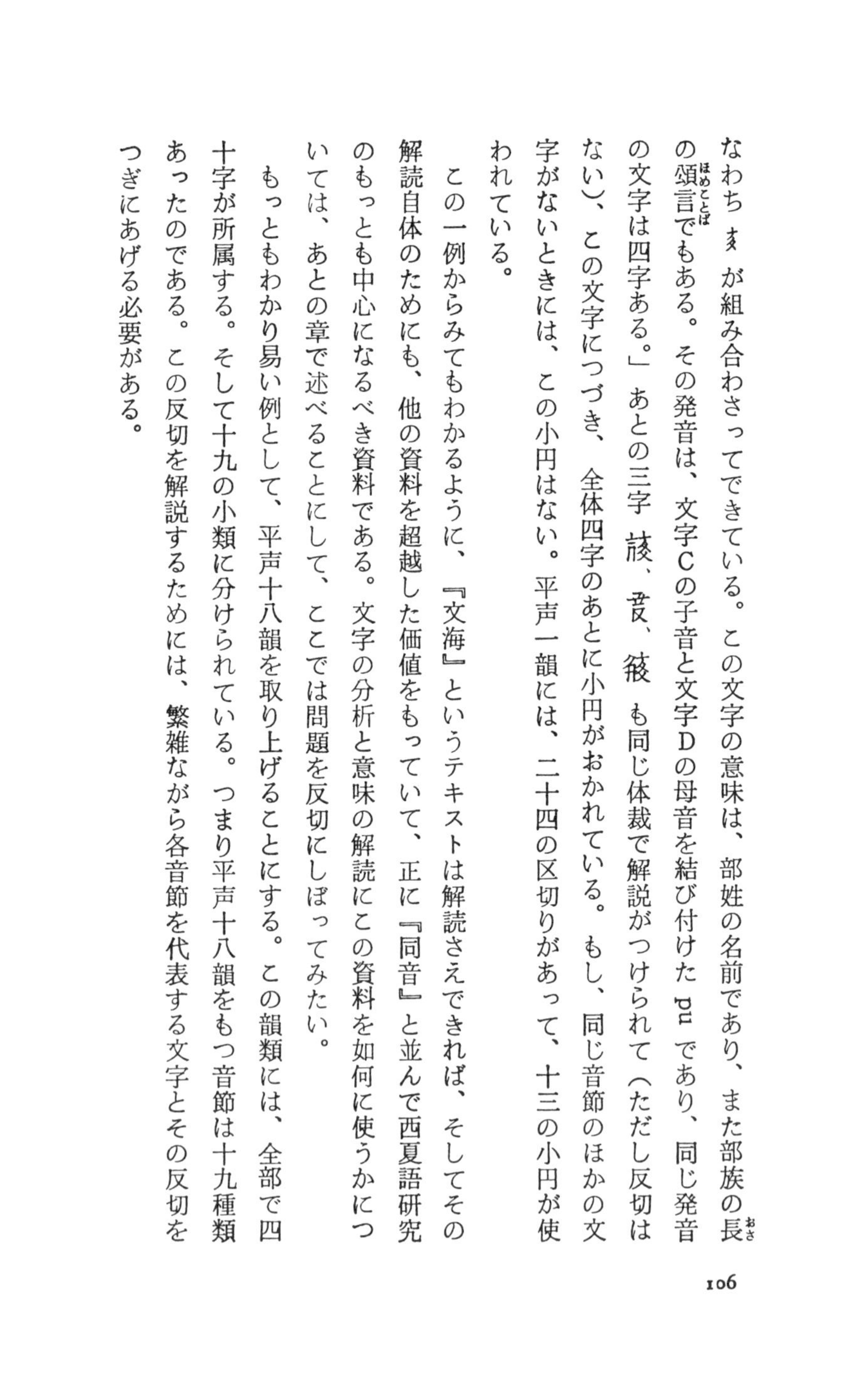

なわち[illegible]が組み合わさってできている。この文字の意味は、部姓の名前であり、また部族の長《おさ》の頌言《ほめことば》でもある。その発音は、文字Cの子音と文字Dの母音を結び付けたpuであり、同じ発音の文字は四字ある。」あとの三字[illegible]、[illegible]、[illegible]も同じ体裁で解説がつけられて（ただし反切はない）、この文字につづき、全体四字のあとに小円がおかれている。もし、同じ音節のほかの文字がないときには、この小円はない。平声一韻には、二十四の区切りがあって、十三の小円が使われている。

この一例からみてもわかるように、『文海』というテキストは解読さえできれば、そしてその解読自体のためにも、他の資料を超越した価値をもっていて、正に『同音』と並んで西夏語研究のもっとも中心になるべき資料である。文字の分析と意味の解読にこの資料を如何に使うかについては、あとの章で述べることにして、ここでは問題を反切にしぼってみたい。

もっともわかり易い例として、平声十八韻を取り上げることにする。この韻類には、全部で四十字が所属する。そして十九の小類に分けられている。つまり平声十八韻をもつ音節は十九種類あったのである。この反切を解説するためには、繁雑ながら各音節を代表する文字とその反切をつぎにあげる必要がある。

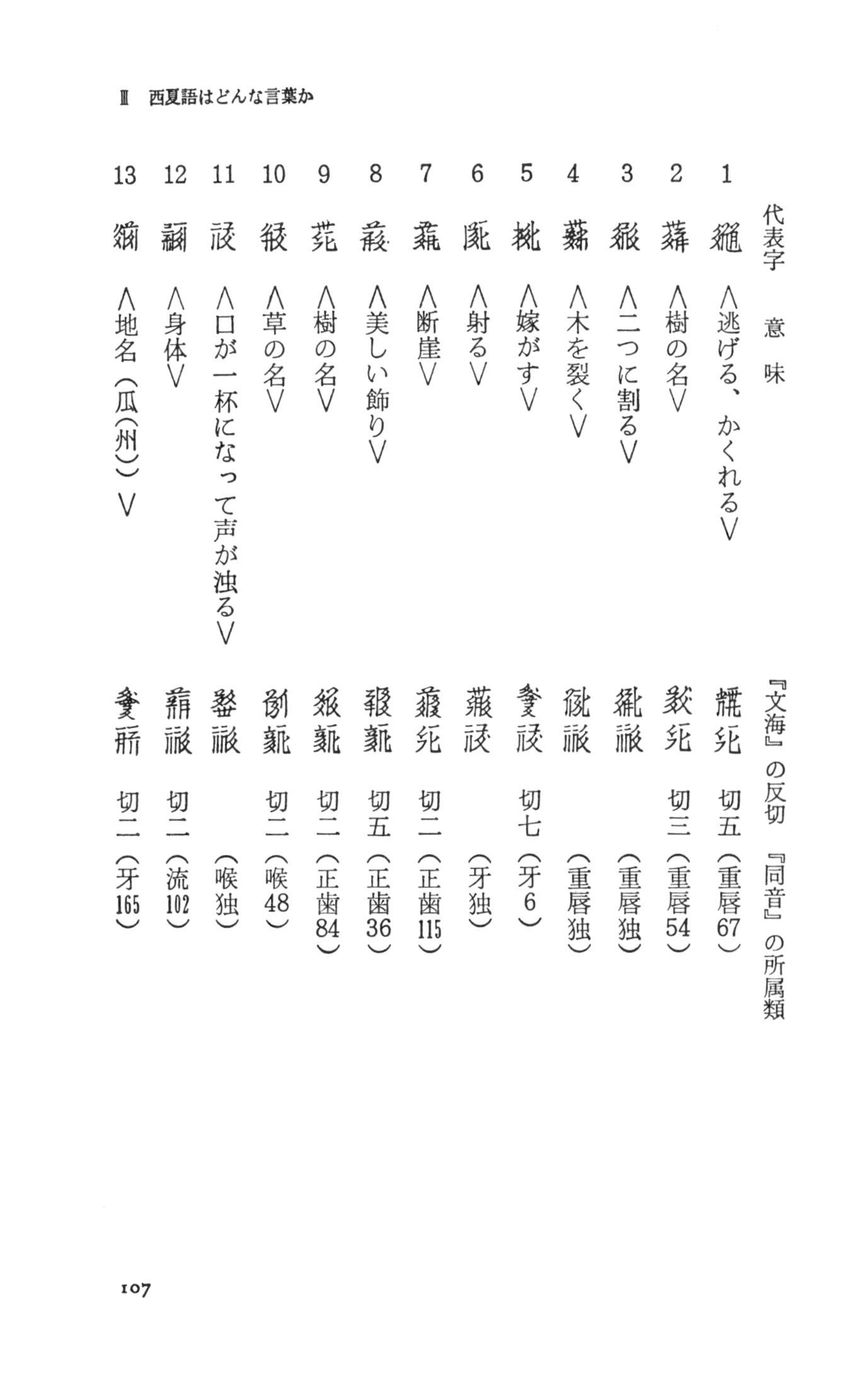

	代表字	意味	『文海』の反切	『同音』の所属類
1	[illegible]	〈逃げる、かくれる〉	[illegible] 切五	(重唇67)
2	[illegible]	〈樹の名〉	[illegible] 切三	(重唇54)
3	[illegible]	〈二つに割る〉	[illegible]	(重唇独)
4	[illegible]	〈木を裂く〉	[illegible]	(重唇独)
5	[illegible]	〈嫁がす〉	[illegible] 切七	(牙6)
6	[illegible]	〈射る〉	[illegible]	(牙独)
7	[illegible]	〈断崖〉	[illegible] 切二	(正歯115)
8	[illegible]	〈美しい飾り〉	[illegible] 切五	(正歯36)
9	[illegible]	〈樹の名〉	[illegible] 切二	(正歯84)
10	[illegible]	〈草の名〉	[illegible] 切二	(喉48)
11	[illegible]	〈口が一杯になって声が濁る〉	[illegible]	(喉独)
12	[illegible]	〈身体〉	[illegible] 切二	(流102)
13	[illegible]	〈地名(瓜(州))〉	[illegible] 切二	(牙165)

14 [illegible] ＜骨盤＞ [illegible]（牙独）

15 [illegible] ＜西夏人名＞ [illegible]（正歯独）

16 [illegible] ＜侵掠＞ [illegible] 切二（正歯72）

17 [illegible] ＜無、欠＞ [illegible]（喉独）

18 [illegible] ＜華＞ [illegible]（喉独）

19 [illegible] ＜カンパ＞ [illegible]（牙独）

反切自体の検討に入るまえに注意しておきたいことが二つある。まず第一は、『文海』の韻類内部の所属字の配列順序である。ここに掲げた平声十八韻の例をみると、重唇―牙―正歯―喉―流、牙―正歯―喉、牙　となっている。この順序は『同音』の九部類の順にしたがい、その並べ方が繰り返して使われているのに他ならない。ほかの韻類を検討してみても、やはり重唇(p)―軽唇(f)―舌頭(t)―舌上(ʈ)―牙(k)―歯頭(ts)―正歯(tš)―喉(ʔ-)―流風(l)の順に並べられ、それが一回、二回、ときに三回繰り返されていることがわかる。これは何か意味があるにちがいない。

第二に重要なのは、『文海』の反切のタイプと『同音』の小類と独字の間の関係である。『文海』の反切のタイプは、上例でわかるように、(1)□□切三（数字は可変）となっているのと、(2)□□と反切のみがあがっているのと、まれに(3)□□合というのがある。そのほか□□平切、

□□浊切とか、□□清、□□上というのが少数例あるが、これらはそれぞれ(1)と(2)に準じるタイプである。この反切タイプを『同音』のシステムにあてはめると、(1)の反切をとる文字は『同音』の小類のところに入り、(2)と(3)の反切タイプをとる文字は独字の項目に属していることがわかった。これはさきに推定した『同音』のシステムが『文海』によっても証明されたことになる。つまり、同じ発音の文字が一字以上ある場合に使われる(1)の反切タイプは、『同音』の小類に、それに対して、その音節がただ一つの文字によってのみ代表されている(2)と(3)の反切は、独字の項にあたっているのである。この関係は、複製本でない『同音』の分類に比べると、もっとぴたりと一致する。反切タイプ(3)は特別な形式を表わしていて、上にあげた最後の例がそれである。この文字は、チベットの〈カムス人〉を意味したと解読する。

さて、この平声十八韻に使われている□□切と□□の二つのタイプの反切下字を整理すると、全部で八字あって、つぎのように二組に分かれて系聯していることがわかってきた。

反切下字Ⅰ類　[illegible]→[illegible]→[illegible]⇅[illegible](＝[illegible])

反切下字Ⅱ類　[illegible]→[illegible]⇅[illegible]

このⅠ類の四字は同じ音価を代表し、Ⅱ類の三字もまた同じ価値をもっていた。

そして、これらの反切下字と声母との結合関係はつぎのようになっている。

反切下字Ⅰ類は、重唇音、牙音、正歯音、喉音、流風音と結び付き、

反切下字Ⅱ類は、　　牙音、正歯音、喉音　　と結び付く。

重複している牙音、正歯音、喉音では、同一の反切上字が使われているために、Ⅰ類とⅡ類は韻母（母音）の対立であって、Ⅰ類が開口韻 -a を表わしたのに対し、Ⅱ類は合口韻 -ʷa を代表したことがほぼ確かになってくる。

具体的には、つぎの六組の対立がある。

5〈嫁がす〉	ka	6〈射る〉	kha
13〈瓜州〉	kʷa	14〈骨盤〉	khʷa
7〈断崖〉	tša	8〈美しい飾り〉	tšha
15〈西夏人名〉	tšʷa	16〈侵掠〉	tšhʷa
10〈草の一種〉	ɣa	11〈口が一杯で声が濁る〉	xa
17〈無、欠〉	ɣʷa	18〈華〉	xʷa

さきに提出した疑問、『文海』の韻類内部で、九部類の順列が何故繰り返されるのかという疑問は、この平声十八韻に関する限り、簡単にとける。まず開口韻の文字があって、そのあとで合口韻の文字が並べられたからである。そのほかの韻類でも、大体これに準じた理由によっている

から、順列の繰り返しがあると、その韻類は、二つ以上の韻母を含んでいると考えて誤りはない。

　最後にのこった十九番目の文字は、つぎのように読んだと思う。この反切上字は kha であり、下字は mba である。そして、それを〃合わす〃と書かれているから、khamba という発音が自然に生れる。つまりこの文字は khamba《クハムバ》 と読んだにちがいない。このようにごく少数ながら、例外的に一字を二音節に読む文字もあったらしい。ほかの例を出すと、〓〈泣き声〉は反切「ku-mbar 合」をもっているから、やはり二音節で kumbar《クンバル》 と読んだ。西夏人は〈泣き声〉をクンバル と聞いたのである。

　さて、反切下字を各韻類ごとに整理すると原則として、韻母と声母の結合関係すなわち音節表を提示できることになる。たとえば、右にあげた平声十八韻の音節表はつぎのようである。

平　声　18　韻

開口韻	合口韻
1) pa	
2) pha	
3) ph_2a	
4) mba	
5) ka	13) k^wa
6) kha	14) kh^wa
7) tša	15) $tš^wa$
8) tšha	16) $tšh^wa$
9) ša	
11) xa	18) x^wa
10) ɣa	17) $ɣ^wa$
12) la	
19) khamba	

反切下字の整理は、必ずしもこの平声十八韻のように明瞭にはいかないところもある。そして、反切上字の整理となると、なおさら厄介な仕事になってくる。というのは、反切上字の種類が全体を通じて、予想外に多いからである。たとえば、声母が四種類あるとすると、その反切上字には、八字あればたりる。ところが、不思議にそのような簡単な使い方はしない。この『文海』では、重唇音類に属する上字だけでも実際は五十字以上もある。したがってその中のどの字とどの字が同じ価値をもつかを決めるには、やはり別の根拠も必要になってくる。しかし、それにははじめの段階で、三種の表音資料から得た結果を利用すれば、さほど面倒ではない。

たとえば平声一韻の代表字 〓[a] は、〓〓〓〓 の反切上字に使われ、この文字には反切上字 〓[b] があてられる。bの文字の反切上字は 〓[c] である。そして、このaとcは『文海』で同じ小類に属している。平声二十八韻と八十一韻で使われる反切上字 〓[d] もaと同じ小類に入っているから、a=b=c=d と系聯して、いずれも m- を代表したことがわかる。つぎの四類の反切上字も、a=b=c=d と直接に系聯しないけれども、三種の表音資料から同じ声母 m- を代表したと考えなければならない。

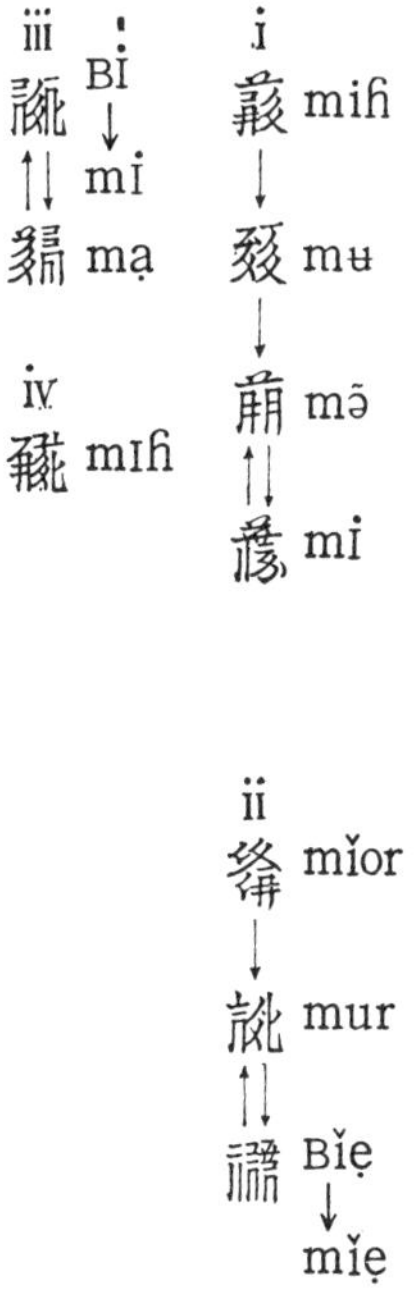

はじめの研究段階では、推定根拠をもたなかったために、具体的な声母にかわって ʙ- としておいた二つの文字も、やはり ʙ- に置き換えることができるようになった。

このように反切上字を帰納する手続は、ずいぶんと厄介な操作なのであるが、その結果は、西夏人の言語意識をよく反映した非常に信頼できる枠付けを獲得することになる。そして『文海』のいちいちの韻類について、この枠付けを、さきに平声十八韻について示したように、具体的な再構成音にかえて表示できることになる。

ところで、部分的にではあるけれども、このような枠付けを図示した西夏の資料が一方で現存している。ちょうど中国の『韻鏡』に該当する性格をもっており、これも『文海』と同様にレニングラードのアジア諸民族研究所に所蔵される。『五声切韻』という表題をもった写本がそれである。これは羊皮の表紙がついた蝴蝶装の小冊子であった。

まず、この書物の体裁と内容について述べたい。はじめに三葉半の序文がある（一頁から七頁）。これが重要な意味をもっている。というのは、私がさきに『文海』の平声韻と『文海宝韻』の上声韻を整理して得た共通韻百五韻の韻類が、はからずもこの序文の中で述べられていたのである。これを見れば、西夏人自身がどの平声韻とどの上声韻を同類と見做していたかがわかって、決定的な根拠になる。それにつづいて  ＜九音顕門＞という見出しで、いわゆる三十六字母が掲げられている。この三十六字母は漢語の三十六字母をそのまま西夏文字にあてはめたものであって、西夏語の声母の体系を忠実に代表しているものではないと思う。三十六字母の配列順序は、『同音』の重唇音、軽唇音、舌頭音、舌上音などと一致するけれども、舌上音を代表する四字の中、三字までもが『同音』の正歯音類に所属している事実は見逃せない。これは『同音』では、舌上音と正歯音は対立した声母であったが、『五声切韻』ではこの区別が混同されていたことを意味する。当時の漢語では、（知）ʈ,（徹）ʈh,（澄）ʈh の音と、（照）tʃ,（穿）tʃh,（狀）tʃh の音が同じ発音に合一していたからである。そしてまた、この三十六字母が西夏語の声母を代表していたとすると、『掌中珠』で漢字二字を用いて表記した文字は、三十六字母の中、どれによって代表されているのかを説明できない。

さて、この字母のあとに韻図が七図ついている。第一図は、左に掲げたように、舌頭音類（t,

平1	nu	thu	×	tu
平5	nU	thU	×	tU
平3	nǐuɦ	thǐuɦ	×	tǐuɦ
平20	naɦ	thaɦ	×	taɦ
平36	neɦ	theɦ	×	teɦ

『五声切韻』韻図1

th, th, n）と平声一韻、五韻、三韻、二十韻、と三十六韻の結合関係を示したものであり、第二図は、舌上音類正歯音類と平声五十五、二十九、五十六、四十一、四十四の諸韻との結合関係を表にしている。しかし、この七つの韻図がどのような根拠から選び出されているかいまはわからない。

七番目の韻図のあとに  ＜衆漂海入門＞とあって、そのつぎの頁から別の体裁の韻図がはじまる。この方は合計六十一図ある。各々の図は、縦が九欄、横が六欄（実際には、この中五欄だけを使う）に仕切られており、左にあげたように各駒の中に、西夏文字または朱で書いた小円が記入されている。文字がおかれているところはその音節があり、朱丸のところは該当する音節がないことを示すのである。第一図についてもう少し詳しく説明しよう。中央下にある大きく書かれた二字は、さきにもあげた平声一韻の代表字と上声一韻の代表字である。つまりこの第一図は、平声一＝上声一韻の音節を表にしたものということになる。最上段は右から重唇音、舌頭音、牙音、歯頭音、喉音の順に並び、それぞれ pu, tu, ku, tsu, ʔu を代表した。これには問題はない。

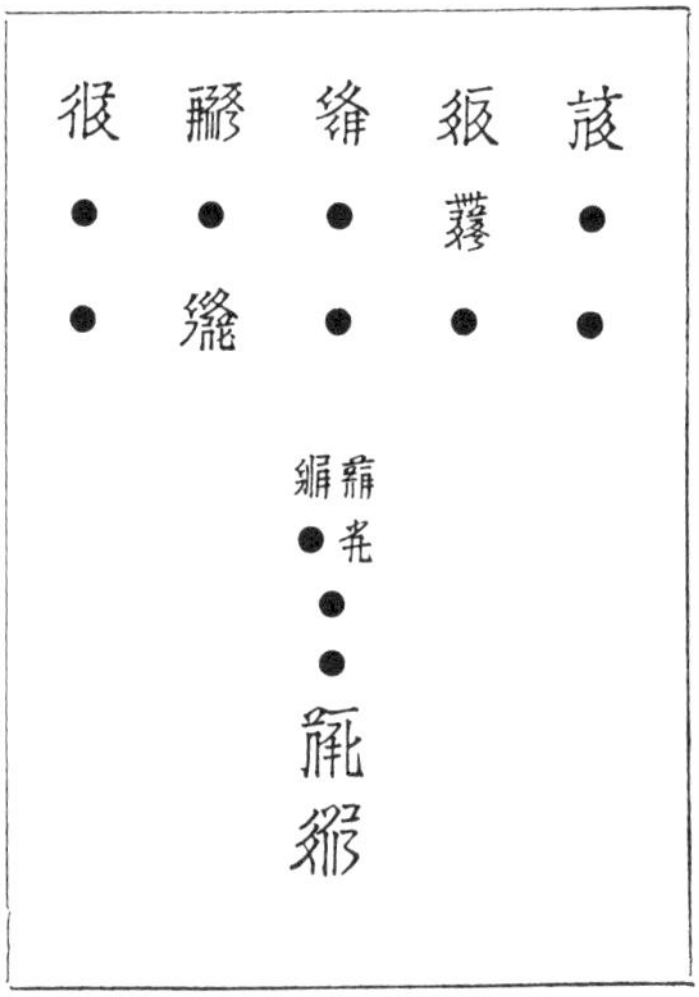

『五声切韻』第一図

二段目は、舌頭音類の項に一字が記入されているが、この文字の所属関係はわからない。『同音』にも『文海』にも登録されていないのである。そして、三段目は歯頭音類の項にのみ一字が書かれている。これは上声一韻に属して、su をあらわした。

中央下第五欄に書き込まれた三字は、いずれも『同音』の流風音類、『文海』の平声一韻に入っていて、lu, lu, ʂu をそれぞれ代表した。

これからみると、lu 音節は二種類あることになる。これは実は大きい問題で、『文海』の反切でも lu は二つに区別されているのである。この事実について少し述べてみよう。

平声一韻の反切下字には二種類あって、互いに系聯しない。

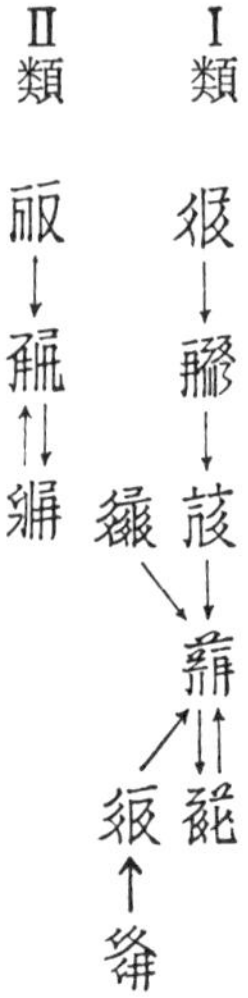

欄	喉	歯頭	牙	舌頭	重唇
Ⅰ	ʔu	tsu	ku	tu	pu
Ⅱ	○	○	○	?	○
Ⅲ	○	su	○	○	○
Ⅳ					
Ⅴ		lu_2	lu		
Ⅵ		○	ʁu		
Ⅶ		代表字（平声１）			
		代表字（上声１）			

『五声切韻』第一図の配列

したがって、私ははじめ平声一韻には一種の韻母 -u のみを推定していたが、どうしても二つの韻母を考えざるを得なくなった。Ⅱ類が結合するのは、舌頭音 n- 牙音 ŋ- 歯頭音 tsh- s- 流風音 l- の五字に限られている。しかし、この対立をどのように再構成すればよいかわからないので、一応Ⅱ類の反切下字をとる韻母を $-u_2$ で示すことにする。nu_2, $ŋu_2$, $tshu_2$, su_2, lu_2 のように。

さきに『文海』の反切から帰納して、平声十八韻の音節表を作ったが(百十一頁)、この韻図ではどのようにまとめられているのだろうか。平声十八韻と上声十五韻は第十八図にある。一段目には開口韻、二段目には合口韻が記入されている。反切からみると開口と合口の対立は、喉音（x- ɣ-）にもあったが、この韻図には書かれていない。何故なら、この韻図は、西夏語の無声無気音にはじまる音節と流風音類の音節のみを記入しているからである。これは、『五声切韻』の大きい特徴といえる。

しかも、この韻図は平声五十八韻・上声五十一韻で切れる。これは偶然によるものと考えられるが、私の再構成では、上に述べたように普通母音の音節は平声五十七韻で終って、五十八韻か

欄	喉	正歯	牙	舌頭	重唇
I	○	tša	ka	○	pa
II	○	tšʷa	kʷa	○	○
V		○	la		
		○	○		

『五声切韻』第十八図の配列

らは緊喉母音の系列がはじまるのである。

いずれにしても、この資料は『文海』の反切ほどの決定さはないけれども、『文海』での区別が韻図の区別とよく一致していて、再構成のための重要な基準になることは確かである。この『五声切韻』は一部で不明なところが残っているが、大部分は私の手許で解読できた。

なお『同音』の別のテキストは重唇音類の前半と流風音類の後半を欠くが、羅福成の複製本に欠けている正歯音類の一部は全部備わっている。そして、そのシステムは『文海』の反切に現われる区別をよく反映していて、小類は声母韻母とともに声調の違いによっても分けられている。したがって、このテキストは改訂整理が加えられた『同音』といえるだろう。

以上に述べたような手続から、今では西夏文字はどのように読まれたかを確実な根拠によってほとんど再構成できるようになった。

Ⅳ　西夏文字の構造

いままでにあげたいくつもの例から見ると西夏文字は極めて複雑な、そして厄介な存在であるように思える。この印象はたしかに当を得ているけれども、この文字をよく検討してみると、複雑な外面にもかかわらず、実際には全体が体系的に構成されており、周到な思考を経て、作られていることがわかる。

このような文字を日常読み書きできた人は、西夏の国の中でも、おそらく特定の階級の人たちに限られていたにちがいがない。

それにもかかわらず、西夏国が滅亡したあとでさえ、なおかなり長い間この文字が使われていたのは、複雑な外形の背後で、簡単な原理がいくつも組み重なってこの文字全体を支配していて、西夏人の物の見方と西夏語の構造を修得している者であれば、さほどの苦心もなく、記憶できたためであろうと思う。

西夏文字がどのようにして作られたかのくわしい事情はいまではよくわからないが、中国の文献が記録しているように、特定の個人か少なくとも特定の個人をとりまく極く少数の人が、意見を合わせて創作した文字であると推定したい。それほどこの文字は、全体から見て、前後統一のとれた原理にしたがって作られているのである。しかし、この文字を支配する原理というのは、決して少ない数ではないし、今日の私たちの考え方からすれば、随分と奇抜な性格のものも含まれていて、なかなか面白い。

西夏文字の創作についての中国の記録には二、三の異なった説が見られるが、大体つぎのように解釈できると思う。

西夏創国の皇帝李元昊《りげんこう》の臣、遇乞《ぐこつ》なる者が一人で楼上にとじこもり、数年を経て西夏文字の原形を作り上げ、それを元昊に献上した。元昊はその原形に手を加えて、さらに野利仁栄に修正させて、西夏文字が出来上った。この文字の創作についての西夏人自身の記録があるのかないのかまだわかっていない。ただ、西夏人の作った詩の一つに西夏文字の創作者を i《イ》 ri《リ》 と表現していることが発見されている。これが中国側の記録の野利と一致して、契丹の姓耶律《やりつ》とも関係するから、西夏文字の創作と、それ以前にすでにあった契丹文字との関連は切り離せないこともわかる。

いずれにしても、この文字を創作した人ははっきりわからないが、相当の才能をもった人物であったことはたしかである。そして、西夏語のほかに、少なくとも漢語と漢字、それにおそらく契丹語と契丹文字に通じていたにちがいないと思う。ことに漢語と漢字が西夏文字に与えた影響は予測されるよりもずっと大きい。

はじめに、西夏文字がかなり多くの種類の要素の特定の組み合わせから成立している事実から説明しよう。たとえば、ここに九個の西夏文字がある。かりにそれにABCDEFGHIと記号をつける。

A 〓 舌　　F 〓 顔
B 〓 口　　G 〓 骨
C 〓 心、心臓　　H 〓 髄
D 〓 頭　　I 〓 眼
E 〓 胆

これらは、いずれも人間の身体の一部分を表わす文字であり、西夏語のもっとも基礎的な単語を表記した文字でもある。これらの文字を比べてみると、漢字の偏にあたる部分が、九字とも全部に共通していることは誰にでもすぐに気が付く。それと関連して、文字Aは〓の形と〓の形を、文字Bは〓の形と〓の形をというように、二つまたは三つの部分を、ときに四つの部分を、それぞれ左右の位置に並べて作られていることを見付けるのもむつかしくはない。おのおのの文字から、共通部分〓を除いた字形が、ほかの多くの文字の中で、他の部分と組み合わさって頻繁に現われてくる事実からしても、このような分け方には疑問がのこらない。

ちょうど漢字が木偏、水偏、人偏、草冠といった部首にまとめられるのと同じように、西夏文字も、共通した字形をもった数十の文字を一つの文字グループとしてまとめることができる。このようにすると、西夏文字全体が数多くの文字グループにまとまることになる。この例では、漢字の構成から類推して、偏の位置にある部分を基準にまとめたが、そのほかの部分を基準にすることも可能である。しかし偏を中心にする方が、全体を通じて見た場合、やはりずっと便利であり、またほぼ文字の構成原理ともあたっている。そして、一つの文字を他の多くの文字と対照して分析した単位、たとえば、ここで取り出したような字形の一部、彡とかㄑとか𠀉とかいった単位を、私は「文字要素」とよんだ。これは大約、漢字の部首に該当するものと考えればよい。もちろん漢字の部首とは種類がちがっているし、部首のたて方も独自の方法によっている。そのため、この文字要素の抽出には、どういう根拠から最小単位を認定するかという点で、厄介な議論を必要とする場合も起り得る。たとえば簡単な例をあげると、右にあげた 缂∧心∨を彡と𠂉の組み合わせとするべきか、彡とㄑと扌の三つの部分に分けるべきかが一応議論の対象になる。そして、この議論はまた文字の派生という事柄と関連をもってくるから面倒になってくる。

このことを簡単に説明すると、つぎのようになる。

さきにあげた文字群を見ると、別の一つの事柄に気が付くにちがいない。その中のGとHの関

G　〓　骨

H　〓　髄

係である。この二つの文字の字形はよく似ているが、わずかにちがっている。この両者を比べると、Gの字形からHの字形が作り出されたのではないかと想定できる。そして、Gの字形が〓と〓と〓の三つの要素に分解できるのに対して、Hの字形は、〓と〓と〓と〓の四つの要素に分解できることになる。後者には、文字要素〓がよけいに挿入されていて、〓の意味〈骨〉とは別の、しかしそれと密接な関係をもつ意味〈髄〉を書き表わしたことがわかる。

この関係をもっとわかり易く示すと、a、b、cの三つの文字要素から成る〈骨〉□□□（abc）に、別の文字要素dを□□□□（adbc）のように挿入して、〈髄〉の字形を作り出したということである。

このような関係を、文字の派生と呼ぶ。西夏文字の派生には複雑な問題が含まれるから、これはあとで述べることにして、ここでは、文字要素の抽出と関連したことのみを論じておく。

文字〈髄〉を文字の派生という面から見ると、これを、〓、〓、〓の三つの要素に分けるよりも、四つの要素〓、〓、〓、〓に分解した方がずっと適切であることがわかる。また字形〓

〓〈骨〉↓〓〈髄〉

□□□ abc ↓ □□□□ adbc

自体が、ある特定の意味を表わしているとも考えられない。ところが、〈心〉の場合は事情がちょっとちがっている。〓〈心、心臓〉から、偏にある〓を除いた字形〓は、いつも〈心〉に関する意味と結び付いて用いられる。つまり〓は〈心〉と関連した意味を示す一つのまとまりであって、これを〓と〓に切り離すことはできない。ちょうど漢字の忄（心）を丷と丨に分けられないのと同じ事柄である。また、〓と〓には、いま述べたような派生関係を想定できるような文字の対立もない。それ故、〓〈心〉を〓と〓に分解して、後者の要素を一つの単位として扱うのは、当を得ていることになる。

このようにほとんどの文字要素の抽出は、とくに面倒な問題もおこらずに解決できるのが普通である。

別の例を二、三追加すると、たとえば〓〈聞く〉のような文字でも、まず〓〈耳〉と対照すると、〓と〓に分析でき、つぎに〓〈耳〉を、〓〈関節〉と〓〈鏡〉と対照すれば、〓、〓、〓の部分に分解できる。同じように〓〈検べる〉は、〓〈見る〉と対照して、

〓〈聞く〉	〓〈耳〉 〓人部	〈聞く〉は人偏に〈耳〉の組み合わせからできる。
〓〈夢〉	見部 〓〈夜〉	〈夢〉は〈夜〉と見部の組み合わせからできる。〈夜見るもの＝夢〉

とに分けられ、後者はさらに〈夢〉と〈頭〉と対照することによって、、、に分解できることになる。

　このような手続きを経て、〈聞く〉〈検べる〉の文字から、その文字を構成する最小単位として、、、、、、、、を抽出することができるわけである。現在の研究段階では、西夏文字の文字要素は、全体で三百四十八種から成り立っていると私は推測している。この数は将来多少の異同があるかもわからない。というのは、たとえば〈虫〉をいまは一つのまとまりとして数えているが、これはとの組み合わせと考えるべきかも知れない。そうであれば、文字要素の数は一つ減ることになる。その反面、〈智慧〉は、いまの段階では、とに分けて考えたが、これらを一つの単位として扱うべきであるとすると、今度は、文字要素の数が一つ多くなる。この問題の解決には、なおしばらく検討する期間が必要である。

　さて、つぎに西夏文字が、このような文字要素の特定の組み合わせから出来上っていることはすでに明白であるから、今度はどのような組み合わせがあるかが問題になる。おのおのの文字の組み合わせ様式をまとめると、全部で四十四種あることがわかった。たとえば、上例の中、〈舌〉、〈口〉、〈心〉、〈眼〉などはいずれもの様式に、〈骨〉〈顔〉などは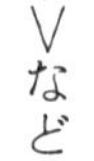の様式に並べられている。このような様式が四十四種類ある。換言すると、西夏文字は、三百余りの文字要

水　　魚　　仏

素を、四十四種の組み合わせ様式に入れてできているわけである。もっと正確にいうと、一つの西夏文字の字形は、つぎの四つの条件によって決定されているということができる。

1　文字要素の種類の選び方

三百四十八の中、どの種類の文字要素を採用しているか、たとえば、文字〈水〉と〈魚〉は同じく、、、、を採用するが、〈仏〉はとを採用する。

2　文字要素の数の選び方

一つから六つまでの中、いくつの文字要素を採用するか、たとえば文字〈水〉と〈魚〉は、同じく四つの文字要素を採用するが、〈仏〉は二つの文字要素を用いる。

3　文字要素の組み合わせ様式の選び方

四十四種ある中、どの様式を一つ選ぶか。文字〈水〉と〈魚〉は様式を採用するが、文字〈仏〉は の様式を採用する。

4　一つの組み合わせ様式内部における文字要素の具体的な配置の仕方。文字〈水〉と〈魚〉は、上にあげた三つの条件をまったく同じくするけれども、文字要素との配置の仕方に

よって、二つの文字の字形は対立している。あとで述べる対称文字は、この条件のみによって区別される一対の文字である。

西夏文字は、すでに書いたように、全部で六千字以上もあるが、それらは字形の上では、少なくとも、この四つの条件の中のいずれか一つの点で相違していることになる。

文字の基本的な構成原理がわかってから、私は別の一つの事柄に気付いた。そして、それがかなり重要な意味をもっていることも明らかになってきた。

さきにあげた文字要素の中には、字形が酷似していて、一見して区別しにくい要素が含まれている。たとえば、∧子細∨を意味する文字  と∧帽子∨を意味する  とは字形はよく似ていて、偏の要素が  であるか、 であるかのわずかな相違で区別されている。文字  ∧色のよい∨と文字  ∧彩色∨もそれと並行した関係にたっている。この事実から、二つの文字要素  と  が意味の違いをになった対立した関係にあることは明らかである。そして、この文字要素の字形をよく見ると、前者の  は  と関連して、後者の  の方は  からきているのではないかと推測できる。この推測をさらに進めて、 と  も、もとは一つの 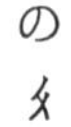 から派生したと考えられないだろうか。

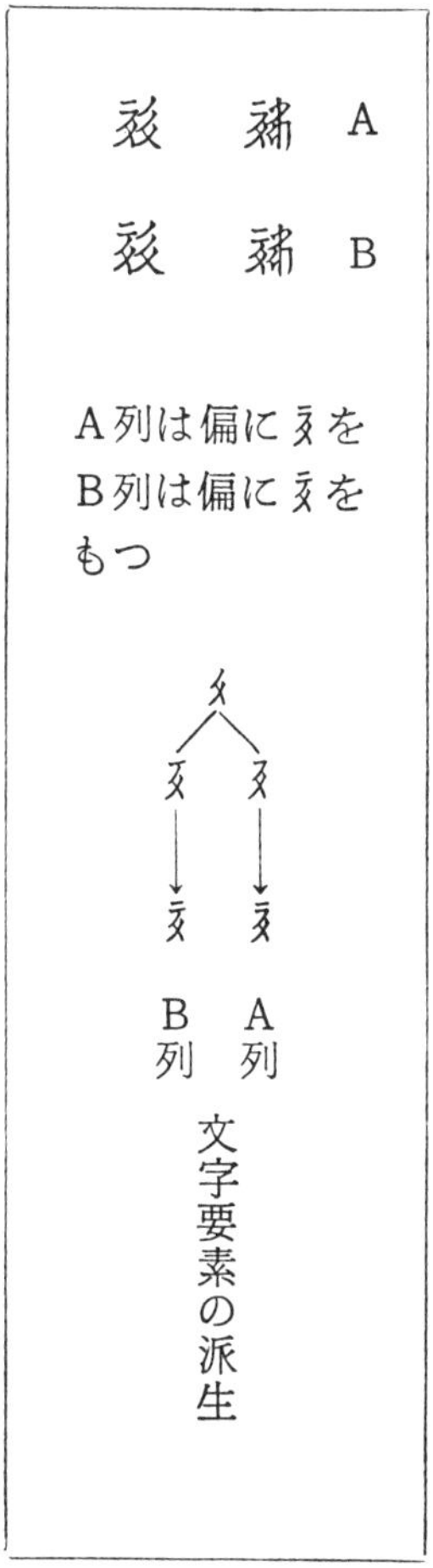

もっと推測を進めて、このような文字要素の字形の上の類似が、ある範囲内で、何か意味の親近性を反映しているのではないだろうか、という点に考えついた。

そこでまず文字要素の字形自体に見られる類似点から、派生系列を設定して、私は抽出した文字要素全体を、十種の系列に大分類した。

1　字形一を基本とする系列。それからの派生形として、亠、亼、二、亖、卌、卌などがある。

2　字形丨を基本とする系列。それからの派生形として、刂、亻、彳、彳、彳などがある。

3　字形丌を基本とする系列。それからの派生形として、亓、亓、亓、亓、亓、亓などがある。

4　字形〓を基本とする系列。それからの派生形として、〓、〓などがある。

5　字形〓を基本とする系列。それからの派生形として、〓、〓、〓、などがある。

6　字形〓を基本とする系列。それからの派生形として、〓、〓、〓、〓がある。

7　字形〓を基本とする系列。それからの派生形として、〓、〓、〓、〓などがある。

8　字形〓を基本とする系列。それからの派生形として、〓、〓、〓、〓などがある。

9　字形〓を基本とする系列。それからの派生形として、〓、〓、〓、〓などがある。

10　字形几を基本とする系列。それからの派生形として、〓、〓、〓、〓などがある。

西夏文字の文字要素は全部この十の系列を中心に、基本的な字形から数種類もの派生手順によって、作り出されたものであると考えて差支えない。設定できる派生手順は、少ない数ではないけれども、主な手順をあげると、つぎのようなのがある。

1　横一画を字形の上に加えて派生要素を作る。一から二を作る。〓から〓を作る。〓から〓を作る。〓から〓を作る。〓から〓を作る、など。

2　縦一画を字形の横に加えて派生字形を作る。一から厂を作る。亠から广を作る。亻から〓を作る。〓から〓を作る。

3　字形の上に点を一つ加えて派生字形を作る。一から亠を作る。亻から〓を作る。〓

から〓を作る。〓から〓を作る。

4　字形の左側に〓を加えて派生字形を作る。〓から〓を作る。〓から〓を作る。〓から〓を作る。

5　字形の中央に横画を一つ加えて派生字形を作る。〓から〓を作る。〓から〓を作る。〓から〓を作る。〓から〓を作る。〓から〓を作る。〓から〓を作る。

6　字形の上に点を二つ加えて、派生字形を作る。一から〓を作る。〓から〓を作る。〓から〓を作る。〓から〓を作る。〓から〓を作る。

7　字形の上に〓を加えて派生字形を作る。一から〓を作る。〓から〓を作る。〓から〓を作る。〓から〓を作る。〓から〓を作る。

8　字形の上に〓を加えて派生字形を作る。〓から〓を作る。〓から〓を作る。〓から〓を作る。〓から〓を作る、など。

9　字形の中央に横画を二つ加えて派生字形を作る。〓から〓を作る。〓から〓を作る。〓から〓を作る。〓から〓を作る。〓から〓を作る。〓から〓を作る、など。

西夏文字は、文字要素の組み合わせから成り立つが、その文字要素は、基本になる字形から、このように一つの派生手順によって、あるいは数個の派生手順が重なって作り出されていることがわかってきた。
ところで、ここでおことわりしておきたいことがある。それは、この文字要素に一定の音価を与えて、その音価を西夏文字全体に適用できないだろうかという魅惑である。しかし、これは不可能である。多くの例から、この文字が表音要素の組み合わせであるとは、絶対に考えられない。しかし、この要素は、特定の意味と何らかの関連をもっているのである。つぎにそのことを述べよう。

西夏文字要素の中には、文字要素だけで独立した文字として用いられるものが三十字あまり含まれている。たとえば、

〈高い〉、〈いね〉、〈かせ〉、〈苦しむ〉、〈樹〉、〈人〉、〈聖〉、〈腰〉、〈八〉、〈半分〉、〈濁る〉、〈皮〉

などは、それぞれ一つの文字要素であるとともに一つの文字でもある。もしも一つの文字は必ず二つ以上の文字要素が組み合わさってできていると強いて考えるとすると、これらの文字は、その文字要素とゼロ文字要素の組み合わせからできているということが許される。たとえば、文字要素はゼロ文字要素と結合して〈いね〉を意味する文字になり得るとともに、ほかの若干

の文字要素と組んで、＜稲＞とか＜米＞という文字を構成したということができる。

この事実から類推すると、このほかの文字要素も、単独では独立した具体的な意義を示すことがないけれども、何らかの総称的な、範疇な意義、たとえば、水に関する事柄とか金属に関する事柄とかを示していたのではないかと推測することが可能になってくる。

たとえば、文字要素は、単独では用いられないが、この文字要素を含むつぎの数文字、

＜馬＞　＜銜鉄＞　＜騎者＞　＜驃馬＞

＜家畜＞　＜馳せる＞　＜轡＞　＜騗＞

＜(家畜)を飼う＞　＜馬で到着する＞

などの意味を比べると、これらの文字に含まれている文字要素は、馬に関する事柄を示していて、まさに漢字の〝馬〟の部に該当していることがわかる。この字形自体も〝馬〟に似ているが、漢字の部首の字形を改変して作ったものかどうかは決定できない。漢字とよく似た形をもった西夏文字要素についてては別の機会にふれることにしたい。

いまの研究段階では、表わす意義がとくにはっきりとわからない文字要素も多いが、いま私が部首名を仮定できている文字要素は百二十八あって、そのほかの要素の意義も、将来解明できる

可能性が十分にのこされている。

もちろん単独の文字要素だけではなくて、文字要素の特定の結合が、特定の意味を表わす場合もある。たとえば、亅と 叐 の結合形 㞓 が〈袋〉に関する事柄を意味する文字に認められ、孔 の結合形が〈着物〉に関する意味をもつ文字に表われるなどの例がある。これらの字形を含む具体例はここではあげないことにする。

このように単独の文字要素、あるいは文字要素の結合が、原則として特定の意味を表わしていることがわかったのは、大へんな発見になってくる。というのは、文字要素の意味を未解読文字の意味の解明に用いることができるからである。たとえば、未解読の文字が〈いね〉の意味をもつ文字要素と〈皮〉の文字要素の結合から出来上っているとすると、その意味として〈もみがら〉を推定できる。一方に、同じく〈いね〉と〈先端〉の結合が、〈稲穂〉を意味することを実証できるから、この方法は必ずしも決定的ではないにしても、かなり有力な手段の一つになる。

ところがこの方法の適用にあたって、一方ではまた厄介な事柄が出てくる。もし、一つの文字要素が、つねに一つの意味と関連して用いられていれば問題はないのであるが、一つの文字要素が、必ずしもいつも一つの意味に働いているとは限らない場合が多いのである。

たとえば、文字要素 〓 は、つぎの文字に使われる。

〓 〈助ける〉

〓 〈注〉＝〈助ける・言葉、すなわち 注〉

〓 〈愛情で助ける〉（〓 〈愛する〉を含む派生字）

この例から、文字要素 〓 は〈助ける〉を意味すると推定して差支えない。かりにこれを祐部といっておこう。ところが一方で 〓 〈糞〉とか 〓 〈糞〉といった文字が、何故に同じ文字要素 〓 を含んでいるのかはどうも理解できそうにない。

〓 〈糞〉傍は 〓 〈汚い〉、〓 〈美しい〉と通じる。

〓 〈糞〉偏は 〓 〈悪〉と通じる。

いま一つ同じような例を出すと、文字要素 〓 は、一般に動詞を構成するために用いられる。
たとえばつぎの文字がある。

〈着物〉——→〈服を着る〉

〈睡眠〉——→〈眠る〉

〈武器〉——→〈闘う〉

〈長い〉——→〈長く引っぱる〉

ところが、同じ文字要素が、動詞ではない文字にも含まれているのである。

この事実は、つぎのように考えるほかはない。西夏文字の文字要素は、限定された範囲内では、一定の意味を示す構成要素として働いたが、その範囲をこえると、単なる字形相互の区別符号の役割しか果さなかったか、あるいは何かよくわからない働きをもっていたかのいずれかである。

しかし、文字要素の意味をおぼえておくことは、文字を記憶するために大へんな助けになる。ちょうど漢字を記憶するのに、何偏に何といったようにするのと同じように、西夏字でも、たとえば〈注〉という字は、〈助ける〉偏に〈言葉〉であるとか、〈武器〉という字は〈鉄〉にとか、〈闘う〉は〈武器〉に冠をつけるとかいったように記憶できるからである。このような方法をとらなければ、なかなかこの文字はおぼえられない。西夏人もたぶん、このような手段で記憶したのであろう。

文字要素の間の字形の派生関係を考えている中に、私が推測していたように、もとになる字形の意味と派生した字形の意味がある関連をもっていることが次第にわかってきた。すべてではないが、若干の系列で、近い意味を想定できる文字要素が、字形の上でも近似していること、つまり、さきに掲げた同じ系列の字形によって表わされていることがわかってきたのである。たとえば、

　人に関する事柄を示す文字要素　人部

　獣に関する事柄を示す文字要素　獣部

　虫に関する事柄を示す文字要素　虫部

　犬に関する事柄を示す文字要素　犬部

さらにこれに加えて、

　指に関する事柄を示す文字要素　指部

　手に関する事柄を示す文字要素　手部

などもよく似た形をもっており、いずれもさきにあげた第八の系列に属して、基本形  から派生した形である。そして、それらの文字要素が、動物あるいはその部分を示している点で関連している。同じように、

見るに関する事柄を示す文字要素　見部

前方に関する事柄を示す文字要素　前部

腹に関する事柄を示す文字要素　腹部

これらの字形は、第七の系列に属してからの派生形であり、〈見る〉、〈前方〉、〈腹〉のようにいずれも前の方という意味をもつ点で共通している。

成熟に関する事柄を示す文字要素　熟部

長いに関する事柄を示す文字要素　長部

種族に関する事柄を示す文字要素　種部

子供に関する事柄を示す文字要素　子部

この四つの文字要素は、第五の系列に属して、基本形〈小さい〉から派生した字形をもっていて、〈長くつたえていくもの〉という意味でいずれも関連している。

このように字形の関連と意味の関連はさまざまである。

水部、言部、火部

この三つの要素は、基本型から派生した字形で表わされる。そのほか、

足部と頭部　(第三列)

鼻部と 門部　（第三列）
馬部と 招部　（第二列）
越部と 悪部　（第八列）
師部と 習部　（第三列）

なども互いに関連していることは確かである。〈足〉と〈頭〉は身体の両端であるし、〈鼻〉は顔のもっとも先端にあり、〈門〉は家のもっとも前にある。〈人を招く〉には馬に乗って行くから〈馬〉と〈招く〉は関連する。何事でも物事は度を越えるとよろしくないから、〈越える〉と〈悪い〉は関連する。もちろん〈師〉と〈学習〉の関連も密接である。

この文字要素の派生もまた西夏人の考え方を反映していてなかなか面白い。ただこの文字要素の派生は、文字自体の派生関係とは必ず別に扱わなければならない。

私の考えをつぎの例で説明しよう。たとえば、文字〈手〉と〈指〉は、文字自体としてはもちろん切り離せない関連をもっている。しかし、この両者の中、一方の字形から他方の字形が派生したとは考えたくない。指から手が作られたとか、手から指が作られたとか考えたくない。それぞれ基本文字であって、同格に扱いたい。しかし、その基本文字を構成する主となる文字要素〈手部〉と〈指部〉はともに文字要素の第八系列に属して、基本形から派生

したものと見做すことができる。そして手部と指部の文字要素は、意味の上で関連をもつとともに、字形の上でも基本形と派生形の関係にたっていることになる。つまり、文字要素の派生と文字自体の派生とは、別のレベルで取り扱う必要があるからである。この二つのレベルははっきりと区別しておかねばならない。というのは、このような扱いをとらないと、文字要素の最小単位を決めることと、文字要素の組み合わせ様式を整理する立場で、はっきりとした基準がなくなるからである。

さて、ここで文字そのものの派生に移りたい。私は、西夏文字のような複雑な文字が、たとえかなり限定された階層の人々の間にのみ通用していたのであっても、当時普通に使用され得たのは、文字相互の間にはたらく連合関係が、普通に想定できる程度よりも、格段と大きかったためにちがいないと思う。

西夏文字を研究する場合、以上に述べたように、一個の文字がどのような構成要素からできているかを見付け出すこともちろん大へん重要な手続きではあるが、それとともに、文字として相互に連合する関係をまず発見して、整理しなければ、結局はよくわからないことになる。六千余りの西夏文字の中には、一群の基本になる文字があって、それを中心に、何らかの手順で派生した文字がいくつか連合していたと仮定するのが、もっとも自然である。しかも、基本文字と認められる文字は、かなりの数をなしていたに相違ない。

かりに文字ＢＣが、文字Ａの字形全体を含んでいる場合には、文字Ａは基本文字であり、ＢＣはそれから派生して作られた文字であると推測して、一応は間違いがない。つまり、文字ＡとＢＣは何らかの関係で連合していて、一方が主であり、他方が従であると考えられるからである。たとえば、例の数を限定して、文字群ⅠⅡⅢⅣを、つぎにあげてみよう。

	A	B	C
文字群Ⅰ			
文字群Ⅱ			
文字群Ⅲ			
文字群Ⅳ			

文字群Ⅰでは、文字Ｂは文字Ａの字形全体を含み、文字Ｃは今度はＢの字形全体を含んでいる。この関係を文字要素に分けてみるとつぎのようになる。

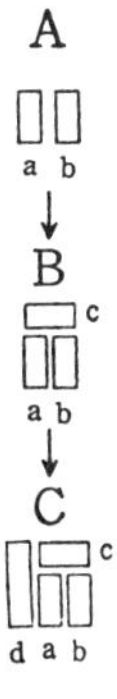

文字群ⅡⅢⅣも、文字ＡとＢ、ＢとＣは、文字群Ⅰとまったく同じ関係にある。文字要素の組

み合わせが、文字群Ⅳではつぎのようになって少しちがっているだけである。A  →B 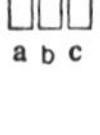 →C 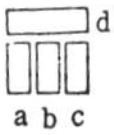

しかし、この事実のみであれば、単に字形が共通しているということだけで、文字BCが、文字Aから作られたと決定することは許されない。けれども、各文字群の文字の間に、派生関係が成立している契機を発見できる可能性は大へん大きい。いまあげた例については、派生の契機ははっきりとわかっている。

文字群Ⅰ　A. ʔɨɦ〈睡眠〉、　B. BI〈眠る〉、　C. ŋgɨr〈横になる〉

文字群Ⅱ　A. nhĭaɦ〈黒い〉、　B. naɦ〈深い〉、　C. naɦ〈（深い）坑〉

文字群Ⅲ　A. ndɔɦ〈毒〉、　B. ndɔɦ〈樹の名〉、　C. ndɔɦ〈部姓の名〉

文字群Ⅳ　A. tị〈ところ〉、　B. tị〈置く〉、　C. tị〈並べる？〉

この関係から、文字群ⅠとⅡでは、これらの共通の字形をもった文字は意味の上でつながり、文字群ⅢとⅣでは発音の面で連合していることがわかる。

このように連合する契機が証明される場合、Aの条件をもつ文字を基本文字とよび、BCの条件にある文字を派生文字とよびたい。

具体的には、文字群Ⅳのほかは、B列の派生字にはAの基本字に冠をつけて、C列の派生字にはそれにさらに偏をつけて作られており、文字群Ⅳでは、B列の派生字には傍を、C列にはそれに冠をつけて派生していることになる。

西夏文字のこのような文字間の連合関係をたどっていくことは、なかなかむつかしいが大へん面白い仕事である。

さて、いまあげた代表的な例から、文字の派生が起り得る根拠は、発音面の一致か意味の面での連関であることがわかった。この二つの基本的な連合関係は、文字全体を通じてかわりはないが、基本になる文字と派生する文字の字形上の関連は、実際にはもっと複雑になっている。たとえば、文字〈甘い水（飲物）〉は、文字〈甘い〉と意味の上でつながって（つまり〈甘い〉を意符として含んで）、〈甘い〉の字形全体に（水部）をつけて派生している。ところが、〈蜜〉は、文字〈甘い水〉を意符とするが、その傍の要素（斜部）を（虫部）に置き換えて派生した文字である。

この三字はいずれも意味の面で連合して、A〈甘い〉を基本にB〈甘い水〉が派生し、そのBを基本にしてC〈蜜〉が派生したわけである。ところが、このA→B→Cの間の字形のつながりは、

さきにあげた諸例のA↓B↓Cとは同じではない。もう少しわかり易く説明すると、文字〈甘い〉は、文字要素 彳 と 爻 の二つから成り、それを左右に置き 

の様式に組み合わせてできている。文字要素から見ると、〈甘い〉は〈舌〉彳爻 の傍と〈斜く〉氵乚 の偏と通じていて、文字面では、〈舌が斜く＝甘い〉と表現されている。この字形にさらに 氵(水)を新しい偏として加えて、

の順に並べると、〈舌が斜く水＝甘い水〉が出来上る。これに対して、文字〈蜜〉の方は、そうではない。〈甘い水〉

にさらに 

を加えた四つの要素の組み合わせから成る文字を作るかわりに、

の中、b(斜部)の要素を、d(虫部)に置き換えて、やはり三つの文字要素からなる派生字を作った。そのために、〈蜜〉を、もともとの基本になる文字〈甘い〉と比べると、この二つの文字は字形の上では、文字要素のa 彳(舌部)だけを共通にしていることになる。

〈甘い〉 

→ 〈甘い水〉 

→ 〈蜜〉 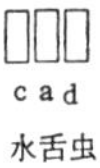

この三字の字形上の関係は、さきにあげた〈黒い〉

を意符とする〈深い〉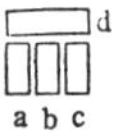

と、その〈深い〉を意符とする〈坑〉

のように文字要素 

の組み合わせが、全体を通じて含まれている場合とは、派生の方法でちがっている。

この事実から、西夏人は、文字の派生に二つのタイプを用いていたことがわかる。派生字が基本文字の字形全体を含んで、それに別の要素を添加するタイプと、基本字の字形を全部借りないで、その一部だけを別の要素に置き換えてできるタイプである。

はじめのタイプの派生手段を「接合法」、あとのタイプの派生手段を「置き換え法」と称しておこう。

[illegible] *pʉɦ 〈かむ〉を音符として、[illegible] *pʉɦ 〈瓶、壺〉を作るのは、接合法によっている。

このdは土偏であるから、土偏に〈かむ〉が〈壺〉になる。[illegible]〈濁る〉を意符として、[illegible]〈鼻〉の傍（鼻部）をつけて〈鼻水〉を作るのも接合法である。〈濁った鼻〉が〈鼻水〉になる。

接合法による文字の派生

[illegible] *^{n}dziɦ 〈爪〉↓ [illegible] *^{n}dziɦ 〈とどまる〉

[illegible] *ŋi̯uɦ 〈（三）途〉↓ [illegible] *ŋi̯uɦ 〈猪〉

〓 *ŋaɦ 〈から〉→ 〓 *ŋaɦ 〈注ぐ〉
〓〈いね〉と 〓〈見る〉‖ 〓〈秋〉
〓〈小さい〉と 〓〈虫〉‖ 〓〈漢〉
〓〈高い〉と 〓〈土〉‖ 〓〈壁〉
〓〈いね〉と 〓〈種〉‖ 〓〈米粒〉

〓 *rar 〈流れる〉を音符として、傍の要素を 〓(水部)に置き換えて派生字 〓 *rar 〈泉〉を作るのは、置き換え法によっている。

〓〈文字〉を意符として、傍の文字要素を 〓〈造る〉に換えて派生字 〓〈筆〉を作るのは、置き換え法によっている。

置き換え法によって作られた派生字は、基本になる文字と比べて、文字要素の数に増減がないのが原則である。そして〈文字〉〈作る〉=〈筆〉のタイプの文字がかなり多い。とくに、野菜の名前とか部姓名とかは、この方法によって傍を〈菜部〉に置き換えるなり、（姓部）に入れ替るなりして作られる。

置き換え法による文字の派生

 *rar 〈蔓菁《かぶら》菜〉　 *rar 〈田〉を音符として、傍を換える。

 *^{n}tšhĭẽ 〈半春菜〉

 *^{n}tšhĭẽ 〈夏〉を音符として、傍を換える。

 *rĭẹ 〈馬歯《ばし》菜〉　 *rĭẹ 〈馬〉を意符・音符として傍を換える。

 *nrĭụ 〈部姓〉　 *nrĭụ 〈耳〉を音符として、傍を換える。

 *ŋvĭuɦ 〈部姓〉　 *ŋvĭuh 〈小腸〉を音符として、傍を換える。

 *tsĭə̣r 〈部姓〉　 *tsĭə̣r 〈性〉を音符として、傍を換える。

基本字と派生字が同じ発音をもって、しかも意味の上でも、一方から他方が派生した関係にあるとき、いいかえると、派生字をもって派生語を表記するときには、接合法によることが多い。たとえば、

〓 *^{n}dziɦ 〈立てる〉から派生した単語 〈柱（立てたもの）〉を表記するのに〈立てる〉に 〓（木冠）をつけて 〓 を作る。

〓 *sew 〈明るい〉から派生した単語〈照りつける〉を書くのに 〓 を傍につけた 〓 *sew を用いる。

これらの二つの単語のどちらを派生語とするかは問題になるけれども、やはり基本になる文字によって書かれた単語を基本語と考えて、派生字で書かれている単語を派生語とするのがあたっている。

西夏文字には、さらに面白い構成法が二つある。その一つは、さきにあげた〈水〉と〈魚〉の例のように、意味の上で密接なつながりをもった文字を、偏と傍の要素を逆の位置において構成する方法である。たとえば、

〓 〈大きい〉と 〓 〈太い〉は同じ文字要素からできているが、その配置が  のように違っている。

[illegible]〈雷〉と [illegible]〈稲光〉、[illegible]〈牢〉と [illegible]〈獄〉
[illegible]〈盗む〉と [illegible]〈盗人〉、[illegible]〈家畜〉と [illegible]〈畜生〉
[illegible]〈指〉と [illegible]〈爪〉、[illegible]〈人〉と [illegible]〈心〉
[illegible]〈葱〉と [illegible]〈胡椒〉というように。

二音節からなる単語、つまり西夏字二字によって書かれる一単語に、このタイプの文字が使われることもある。

[illegible][illegible] *mʉɦ《ム》-tsiɦ《チ》〈蠅〉 □□ a b　□□ b a
[illegible][illegible] *maɦ《マ》-kʷiɦ《クゥイ》〈鐙《あぶみ》〉 □□ a b　□□ b a

このタイプの文字は、どちらが基本であり、どちらが派生字であるかは決めにくい。私は、この関係にある文字を、「対称文字」と呼んでいる。もちろん、この一対の対称文字自体が、一つの基本字からの派生字でもあり得る。

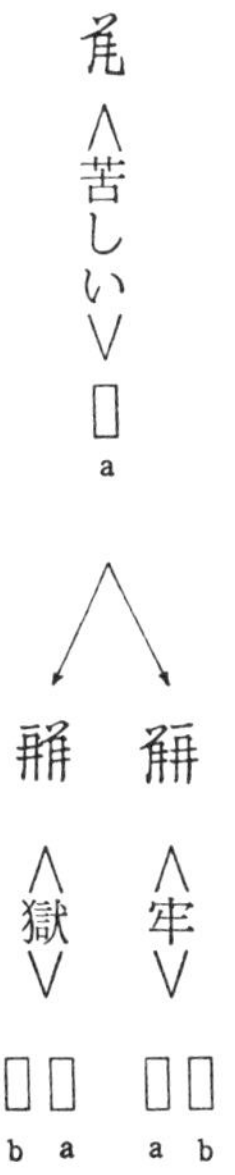

いま一つの興味のある構成法を紹介しよう。たとえば、文字のように中央に縦線をおき、その左右に同じ文字要素を配列した字形がある。この文字は〈はかり〉を意味するが、ちょうど文字要素〈重さ〉が左右に均斉をとっている様子を象徴している。つまり天秤はかりの形である。この一方の要素を手に置き換えると、ができる。これは、左に〈手〉があって、右に〈重さ〉がついている〈手ばかり〉の意味になる。こののタイプの文字は少ない数ではない。

文字要素〈斉部〉を、中央のしきりを距てて左右に並べると、〈斉しい〉の意味になる。斉しい部分が左右均衡になることは〈斉しい〉のである。このの型に、文字要素（比部）を入れると〈比べる〉の意になり、（長部）を入れると、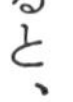〈長ばかり〉（袋に入れたものを量る）の意になり、〈串〉を入れると、〈銭貫〉の意になる。

〈大きい〉の傍を左右に並べると〈広い〉の意味になる。

中央の線をへだてて、一方に（比部）、他方に（斉部）をおくと、〈比べて斉しい〉であるから〈一致する〉の意味になる。

これらの文字は、如実にその物や状態を表わしていて、いかにも象形的な感じを与える。

また、中央に線をおかずに、左右に同じ文字要素を並べて作る文字も少なくない。

　（手）と手を二つ並べると〈分ける〉になる。

　（単）と単を二つ並べると〈双〉になる。それに（木）冠をつけると〈乗《じょう》〉になる。

　（集）と集を二つ並べると〈（切ったものを）集める〉になる。

　（走）と走を二つ並べると〈走る〉になる。

　（斉）と斉を二つ並べると〈対立する〉になる。

西夏文字の一字一字が、なぜそのような文字要素の組み合わせからできているのかを、原則として説明できると私は思う。少なくとも、文字の間に存在したかくれた連合関係と派生手順を見つけ出して、その構成の謎を解くことが可能であると思う。

西夏文字を構成している謎は、西夏人の思惟方法を直接に文字の上に反映した結果であるが、われわれの常識から見て、簡単に判断できる場合がもちろん多い。たとえば、〈父親〉は、二音節の単語で、この二字によって書かれるが、はじめの文字は、あとの文字を意符とする派生字である。あとの字形に〈恐れる〉の偏をつけ加えて接合法によって作られている。西夏人でも親父は恐れ多い存在であった。

一般に二音節の単語は、基本の文字とそれからの派生文字を並べて表わすことが多いが、基本字を先に置く場合もあるし、あとに置く場合もある。〈父親〉と同じように、〓〓〈種族〉はあとの文字（種）が基本であって、それに文字要素〓（種族）をつけ加えた派生字がはじめに置かれている。〓〓〈休息〉、〓〓〈招換〉、〓〓〈恐懼〉はその反対で、はじめが基本字で、あとが派生字である。

文字〓は漢字の〈孝〉にあたる。漢字の孝は老と子からなる会意字で、子供が父母や祖先につかえる意味である。ところが西夏文字では、孝は文字〈心〉の傍の要素を、〈柔らかい〉の傍と置き換えて作られている。

つまり、心を柔かくする、これが西夏人の孝行のはじまりであった。これに対して心を重くする。あるいは重い心は文字〓であり、頑固で融通のきかないことを意味する。

同じく〃心〃に関する文字につぎのようなのがある。

〓 〓（心）と〓（造）を組み合わすと〈徳〉の意味になる。

[illegible] [illegible]（恐れる）と [illegible]（心）は〈恐怖心〉を意味する。

[illegible] [illegible]（心）と [illegible]（憂う）は〈愁しむ〉。

[illegible] [illegible]（心）と [illegible]（無し）は〈心にない、すなわち忘れる〉の意味になる。

[illegible] [illegible]（心）と [illegible]（悟る）の組み合わせは〈願う〉になる。

構成要素の関係がもっとよく理解できる文字もある。

[illegible]〈変える〉の中央に手 [illegible] を挿入すると、〈手で変える〉すなわち〈翻訳する〉の意味になる。

この〈変える〉の傍を〈半分〉に置き換えた、[illegible] は、〈二つに切る〉を表わす。その字形の頭に [illegible]（鉄）冠をつけると、〈二つに切る鉄〉、すなわち〈のこぎり〉を意味する。

このように文字の構成と派生は、なかなか合理的にいっている。

[illegible]〈変える〉―（中央に手を入れる）―[illegible]〈翻訳する〉

[illegible]〈二つに切る〉―（頭に鉄冠をつける）―[illegible]〈のこぎり〉

私たちは、〈痩せた身体〉を骨と皮という。西夏人にとっても同じであった。西夏人は、それを露骨に文字構成の上に表現した。文字  〈骨〉の偏（人偏）を  （皮部）に置き換えて、その上に （木部）冠をつける。〈木のごとく、皮と骨になる〉、つまり〈痩せる〉である。

〈痩せる〉には、いま一つの文字がある。 〈薄い〉の下部を  〈半分〉に置き換えてできている。薄くて半分（になる）、これも〈痩せる〉である。

 〈骨〉― * ―  〈痩せる〉

 〈薄い〉―――  〈痩せる〉

文字  〈細い〉は  （集）と  〈小さい〉からできている。これに  （木）冠をつけると〈木のとげ〉になり、 （鉄）冠をつけると〈針〉になる。つまり細い木＝とげ、細い鉄＝針である。

文字  〈鎌〉の傍を  （？）に換えると、〈切る〉ができる。その字形に  （人）をつけ

ると〈分ける〉に、亠をつけると〈離れる〉に、艹（辵）冠をつけると〈別れる〉に、亅がつくと〈刈る〉に、广をつけると〈裂く〉になる。

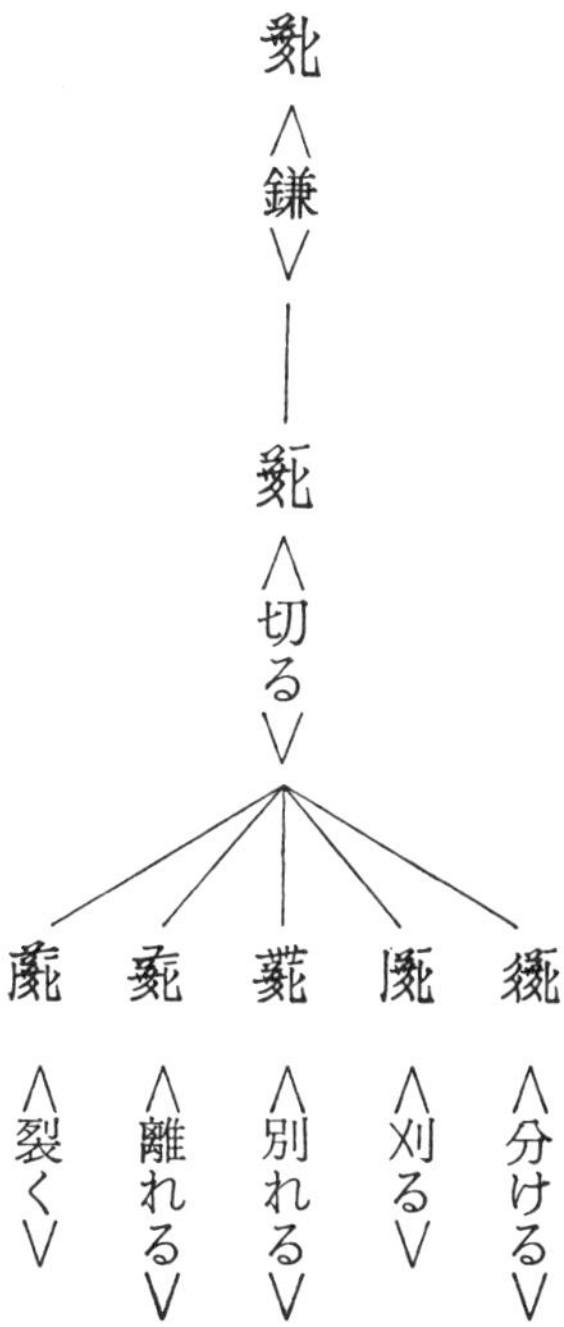

〈太陽、日〉は、文字要素（日）と〈聖〉からできている。それに火を加えて、〈熱〉が作られる。〈太陽の火〉すなわち〈熱〉である。

〈酒〉の傍を〈越える〉の傍と置き換えると、まさにその通りで〈酒を越える＝酔う〉の意味になる。

〈排泄する〉に〈古い〉の傍を加えると、〈排泄する古いもの〉つまり〈糞尿〉である。

〓〈血〉に 〓(皮)偏をつけると、血の皮、すなわち〈血管〉の意味になる。
〓〈歯〉の傍を 〓(獣)にかえると〈狼〉になり、(長い)、(鳥)、(尖端)を組み合わせると、
〓〈嘴〉になる。 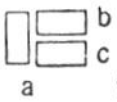 a(長い)、b(鳥)、c(尖端)
〈肋骨〉に木冠をつけると〈車の輻〉になる。

〓〈肋骨〉──→〓〈輻《や》〉

もっとも、この二つの単語はどちらも同じ発音 now《ノウ》 であるから、派生字で書かれる〈輻〉が同時に〈肋骨〉からの派生語であるともいえる。

〓〈雪〉の傍に 〓(?)をつけて〈寒い〉、それに 〓 冠をつけると〈冬〉、さらに 〓(土)偏をそえると〈寒土〉ができる 〓──→〓──→〓──→〓 いずれも意味の連合によって展開し、接合法によって作られる派生字である。

経典中に頻繁に表われる 〓〈皆〉という字と 〓〈一切〉という字も、一見関係がないようであるが、やはり関連している。

〓〈皆〉の傍 〓 を文字 〓 〈集める〉に置き換えると後者の字形ができる。〈皆を集めたもの＝一切〉の意味になる。この文字は字形が複雑で記憶しにくいが、〈皆〉と〈集める〉からできているというように、構成要素を知っているとわけはない。

この種の構成で面白いのは、否定による表現である。西夏人は文字の面での否定を〓によって示した。たとえば〓は〓と〓からできている。この偏の要素が否定で、傍の要素は〈小さい、細い〉である。それ故、この文字は、〈小さくない、細くない＝大きい、太い〉を意味している。

〓〈集める〉を否定すると〓〈散る〉になる（接合法）

〓〈断つ〉を否定すると〓〈縫う〉になる（接合法）

〓〈忘れる〉を否定すると〓〈思う〉になる（接合法）

〓〈信じる〉を否定すると〓〈疑う〉になる（接合法）

〓〈同類〉を否定すると〓〈孤独〉になる（接合法）

〓〈越える〉を否定すると〓〈妨げる〉になる（置き換え法）

〓〈動く〉を否定すると〓〈定《じょう》〉になる（置き換え法）

〓〈正しい〉を否定すると〓〈不正〉になる（置き換え法）

〓〈長い〉を否定すると〓〈短かい・（背が）低い〉になる（置き換え法）

また、二字をまとめて否定して作る字形もある。さきにあげた  〈熱＝太陽・火〉の偏と、 〈冷たい〉の中央・傍を否定して、〈熱くも冷たくもない〉が作られる。

V

文字のもつ意味の解読

つぎに、これらの西夏文字が表わす意味を、どのようにして解読できるかという問題に移りたい。

一般に未知の文字の意味を解読するのに、ただ一つの方法を見つけて、その方法だけを文字全体に適用することは、非常にむつかしい。たとえ文字の発音がわかっても、その文字の表わす正確な意味はなかなかわからないものである。これにはいろいろの手段をあわせて用いる必要がある。しかも、おのおのの手段には、それぞれの限界が出てくるために、いくつもの手段を互いに補い合って、より正確な意味を解明するように導いていかねばならない。一度仮定できた意味が、別の方面からの検討を経てまったく改めなければならなかったり、より詳しい内容を与えることができるようになったりする。

文字が表わす意味ということを、ここでもう少し考えてみる。たとえば西夏文字Xによって表わされる意味とは何であるかというと、正確にはこの西夏文字によって表記された西夏語の単語の意味のことになる。つまり、西夏語がもっていた語彙全体の中の一部分をこの文字が書き表わしたことになる。それ故、この段階で考えると、意味の解読というのは非常に厄介な事柄になってくる。たとえば、文字が漢語の〈車〉にあたることがわかっても、それはこの文字が表わしている意味の輪郭がつかめただけで、どのような種類の車を意味するのか、あるいは特定の車をさすのか、それとも車一般を指すのかは決定ができない。西夏語の中で、車にあたる単語を全部集めた上で、このような決定をしなければならない。実は、現在わかっている限り、西夏語には、いま一つ〈車〉を意味する文字があった。さきにあげた文字は、漢語の車からの借用語を書き表わした文字で、中国からきた車には、その文字を用い、西夏の車にはいま一つの文字を使った。西夏の車が実際にはどのような形をしていたかは確められないが、この文字を分解すると、〈往く木〉という意味になる。そのほかにも、もっと特殊な車を書き表わす文字があったかも知れない。

文字の意味の解読は、それ故、究極的には西夏語の語彙体系の解明につながる問題であると思う。このような見通しをもって、まず私の採った西夏文字解読のもっとも基本的な方法から述べてみよう。

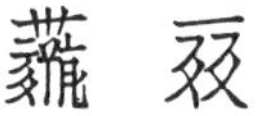

tšhǐa　kɔh

西夏の車に二種類あった。

中国の車　漢語からの借用語。

西夏の車　〈往く〉に木冠をつけてできる。〈往く木〉が〈車〉である。

第一に、バイリンガル（二語対訳）な資料を用いて、西夏文を漢文なりチベット文なりと対照し、実際のテキストにおける使用例から、その意味を解明するやり方がある。この方法は、第一段階として、絶対避けることができない。

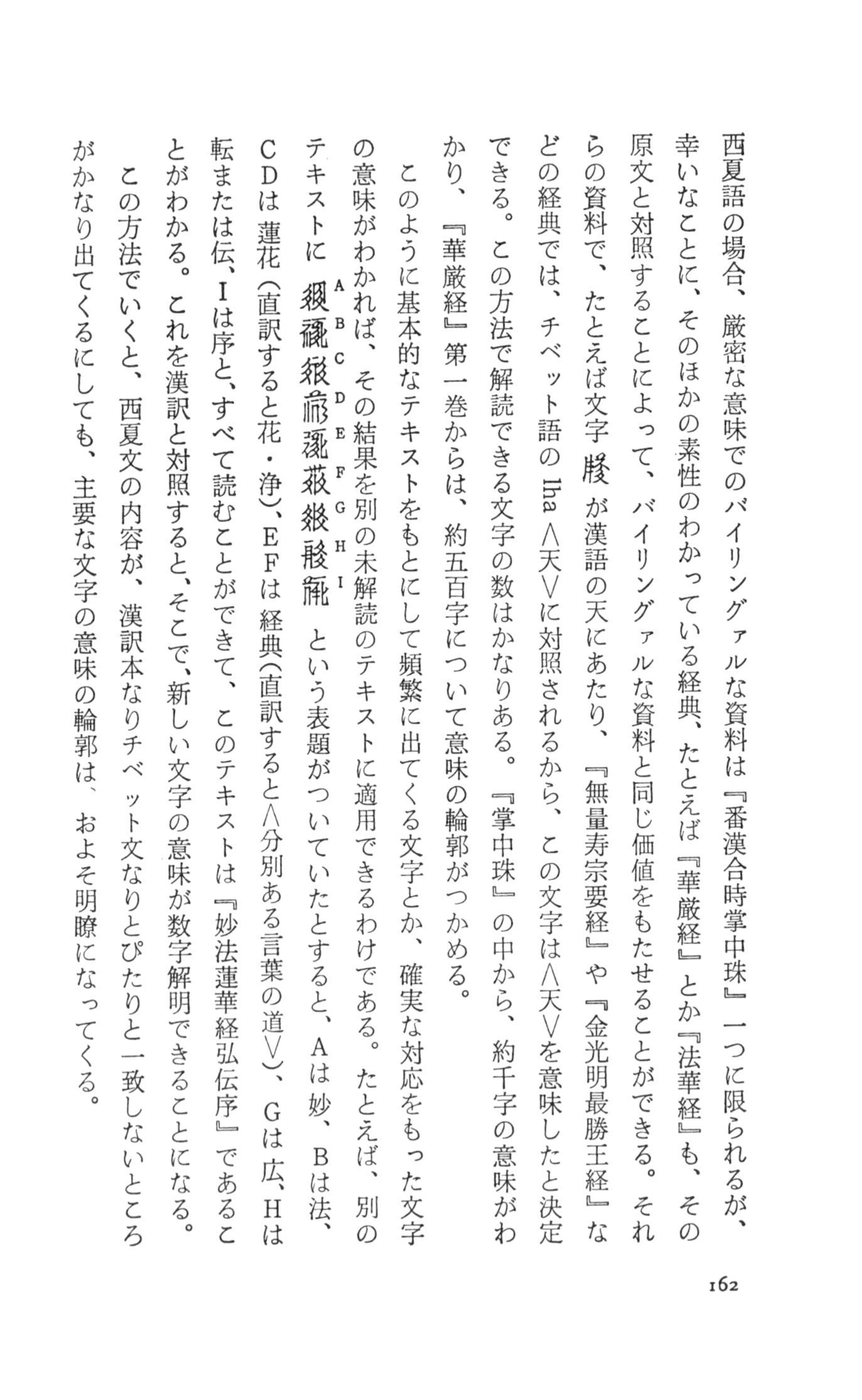

西夏語の場合、厳密な意味でのバイリングァルな資料は『番漢合時掌中珠』一つに限られるが、幸いなことに、そのほかの素性のわかっている経典、たとえば『華厳経』とか『法華経』も、その原文と対照することによって、バイリングァルな資料と同じ価値をもたせることができる。それらの資料で、たとえば文字 [illegible] が漢語の天にあたり、『無量寿宗要経』や『金光明最勝王経』などの経典では、チベット語の lha〈天〉に対照されるから、この文字は〈天〉を意味したと決定できる。この方法で解読できる文字の数はかなりある。『掌中珠』の中から、約千字の意味がわかり、『華厳経』第一巻からは、約五百字について意味の輪郭がつかめる。

このように基本的なテキストをもとにして頻繁に出てくる文字とか、確実な対応をもった文字の意味がわかれば、その結果を別の未解読のテキストに適用できるわけである。たとえば、別のテキストに [illegible]（A B C D E F G H I）という表題がついていたとすると、Aは妙、Bは法、CDは蓮花（直訳すると花・浄）、EFは経典（直訳すると〈分別ある言葉の道〉）、Gは広、Hは転または伝、Iは序と、すべて読むことができて、このテキストは『妙法蓮華経弘伝序』であることがわかる。これを漢訳と対照すると、そこで、新しい文字の意味が数字解明できることになる。

この方法でいくと、西夏文の内容が、漢訳本なりチベット文なりとぴたりと一致しないところがかなり出てくるにしても、主要な文字の意味の輪郭は、およそ明瞭になってくる。

この仕事はたしかに根気がいるが、進めていくとなかなか面白い。二、三の例をあげれば、その面白さと、むつかしさがわかっていただけるであろう。

『仏母大孔雀明王経』下の西夏訳の中に、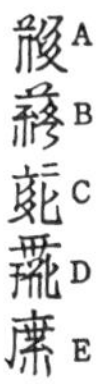という竜王の名前が出てくる。このテキストはチベット文からの訳であるから、原文のチベット文と照合すると、この句は、kluḫi rgyal-po snying por ḫgro 〈中心に行く竜王……〉にあたることがわかる。西夏文のはじめの文字Aは、『同音』で注字  〈真中〉をもっているから、チベット語の snying-po 〈核心、中心〉にあたり、〈核心〉とか〈中心にあるもの〉を意味したと推定できる。Bの文字は〈真実〉、Cは〈行く〉、Dは〈竜〉、Eは〈王〉であるから、これをそのまま漢字に置き換えると、心実行竜王になる。したがって、この句は、一応〈真中の真実を行く竜王〉と解読できる。これでAの文字の意味はほぼわかったけれども、〈中心〉とか〈核心〉とかについて、もう少し考えてみる必要がある。西夏語で、そのほかに漢語の〝中〟にあたる意味を表わす単語は、つぎの文字で書かれた。

 kaɦ（上声）　 ŋgu（平声）

 khaɦ（上声）　 ʔu（平声）

上段の二字は〈……の中〉と〈……の間〉の意味に、下段の二つの文字は〈……の内〉とか、上中下の中の意味で使われた。しかし、同じ経典の中でも、khaɦ《カハ》 と ʔu《ウ》 は区別なく使われていて、はっきりとした相違が果してあったのかどうかよくわからない。上段の二字、下段の二字もそれぞれ対立した形ではなさそうである。これらは特定の環境で補い合って使われたらしい。たとえば kaɦ《カ》 は特定の単語にだけついて、そのほかの単語には khaɦ《カハ》 がつけられるというように。もっと具体的にいうと、[illegible] ŋgɨ《ンギ》 kaɦ《カ》〈夜中〉にのみ kaɦ が使われ、そのほかの [illegible]〈世の中＝世間〉とか [illegible]〈此の宝の中〉には khaɦ《カハ》 が使われるといった使い分けがあった。いずれにしても、これらの文字は、一つのものの内部、あるいは中央の部分とか、二つのものの中間とかを意味したと思う。ところが、さきにあげた文字Aは、これらとは少し意味がちがっていた。というのは、この文字Aは、『同音』では舌頭音類小類9に属し、『文海』では平声三十九韻に属しているが、それとまったく同じ条件にある文字に [illegible]〈心〉がある。この二つの文字〈中心〉と〈心〉は、等しく niěɦ《ニィエ》 と発音した。つまり、〈心、心臓〉と〈中心、核心〉は、西夏語としては一つの単語であった。ただ、文字の上で二つに書き分けられたのである。これに対応するチベット語 snying《ニン》 と snying-po《ニンポ》 も〈心、心臓〉と〈中心、核心〉の両方の意味をもっている。西夏文字の中には、このように文字の面だけで書き分けられている単語が、そのほかにも数語ある。

たとえば、

 wǐoɦ《ウィオ》（上声）〈義〉と  wǐoɦ《ウィオ》（上声）〈理〉

 ndǐẽ《ンディエン》（上声）〈休む〉と  ndǐẽ《ンディエン》（上声）〈定《じょう》〉

これらは単語としては、それぞれ一つである。〈理〉と〈定〉は、漢字の使い方に合わせて作られた文字である。

この文字 nǐeɦ《ニィエ》〈核心、中心〉と関連して、面白い構成法に気がつく。この  の傍  を〈中〉 ŋgu《ング》 の偏 （馬部）に置き換えると、 teɦ《テ》（上声）〈臍〉の字が出来上る。西夏人も〈お臍〉は〈核心〉にあるものと考えて、文字の上でそのように表現したらしい。

同じく『仏母大孔雀明王経』に、A  と A  の名が出てくる。これはチベット語の kluɦi《ルイ》 rgyal-po《ギャル ポ》 dri《ヂ》 med《メ》 と kluɦi《ルイ》 rgyal-po《ギャル・ポ》 dri《ヂ》 can《チエン》 にあたり、はじめの竜王は無香（香りをもたない）竜王で、あとの竜王が有香（香りをもつ）竜王であることがわかる。この文字Aは〈香り〉を意味した。『掌中珠』には、B  li《リ》 naw《ナウ》 香菜という例があったから、私は、はじめはこのBの文字が〈香り〉にあたるように考えていた。ところが、この『孔雀経』の例から、『掌中珠』の〈香（菜）〉は実は派生字で、もともとの文字Aの傍  を、野菜  に置

き換えて作られていることがわかった。もっとも、この二つの文字は共に『同音』で同じ小類に属して、発音は等しかったから、∧香菜∨をAの文字で書いても誤っていない。これも、この二つの文字は西夏語としては一つの単語∧香り∨にあたるけれども、文字の面で、〃その状態〃と〃その状態をもつ野菜〃の二つに書き分けられた例である。このliの書き分けにはいま一つあって、文字Aに艹（木冠）をつけた字形が、『掌中珠』で使われている。

∧沈香∨ 蕣蘸 C　Cの文字は∧香りをもった木∨すなわち∧お香∨のことである。

蟊∧香り∨ → 𧄍 ∧香りをもった野菜∨＝香菜
　　　　　→ 蘸 ∧香りをもった木∨＝香木

しかし、このCの文字の使い得る範囲は限られていて、普通に使われる∧お香∨としては、蕣 sĭa という字がある。この文字には、『同音』で∧好い香∨と注がつけられている。

li∧香り∨という文字を分解すると、𠬝（口部）と 𢌬（鼻部）と 𠃊（？）に分かれる。つまり西夏人は、香りを口と鼻でかぎわけたことになる。

バイリンガルな資料がある限り、この方法をずっとつづけていくことができる。この方法による意味の解読は、結果として、たしかに重要な情報を提供するけれども、さきに述べたように西夏語の語彙体系という点から見るときには、やはり、西夏語自体のシステムを考慮した上で、中心的な意味とか機能の決定をするべきであると思う。そうでなければ解決できない場合もかなりある。

たとえば、簡単な例として、∧これ∨とか∧あれ∨といった指示詞について考えてみよう。このような基本的な指示詞は、第一の方法によって、ほかの言葉との該当関係は明瞭であると予想されるが、事実はそうではない。西夏語には、

 thɨ《テイヒ》（上声）　 thaɦ《タハ》（上声）　 thaɦ《タハ》（平声）

の三つの指示詞があって、はじめの字は漢語の〝是〟にあたることが多いが、〝此〟にあたる場合もある。あとの二字は、経典で漢語の〝彼〟に該当するほか、〝此〟、〝是〟にも、とくにはっきりとした区別がなくあたっている。それ故、この三字の間の差別は、漢語との対応にたよっている限りは、はっきりしない。この解決を別の面に求める必要がある。そこで、西夏語の指示詞の体系を、言語類型的な観点から仮定してみると、つぎのような基準をたてることができる。

1　指示代名詞と指示形容詞が単語形式で（たとえば声調のちがいで）区別されていた。たとえば∧これ∨と∧この∨がちがった形をもっていた。

2　指示代名詞と指示形容詞が、単語形式の上で区別されなかった。たとえば∧これ∨と∧この∨が同じ形であった。

a　指示詞の種類は、近称∧これ∨と遠称∧あれ∨の二つであった。

b　指示詞の種類は、近称∧これ∨、遠称∧それ∨、最遠称∧あれ∨の三つであった。

c　指示詞の種類は、近称、遠称、最遠称の三つ以上であった。たとえば∧あれ∨にいろいろの種類があった。

西夏語の指示詞は、果してどのようなシステムをもっていたか、現在わかっている限りでは、さきにあげた三語だけであるから、まず1とaの組み合わせを考えることができる。

∧これ∨　thɨ《ティヒ》（上声）　∧この∨　thɨ《ティヒ》（上声）

∧あれ∨　thaɦ《タハ》（上声）　∧あの∨　thaɦ《タハ》（平声）

この体系では、代名詞と形容詞が声調のちがいで（平声と上声）区別されるのが原則で、近称指示詞にも、本来この区別があったが、文字が作られた当時は、thɨ《ティヒ》（平声）は thɨ《ティヒ》（上声）にかわっていたために、同じ一つの文字で書き表わされたと解釈できる。しかし、これが考え得る唯一のシステムではない。この体系にかわる2とbの組み合わせ、代名詞と形容詞は形の上で区別がなく、近、遠、最遠の三種類から成立するシステムをも想定できる。

〈この、これ〉 thɨ （上）　〈その、それ〉 thaɦ （上）　〈あの、あれ〉 thaɦ （平）

私は前著『西夏語の研究』下では、はじめの体系を仮定したが、どうやらこの方が、漢語との該当関係の混同を解釈するのに、より適切であるように思う。つまり、この体系では、西夏語の〈その、それ〉が、近・遠の二分類から成る言葉（たとえば漢語）に対してときに近称として、ときに遠称として扱われたことは、十分にあり得るからである。

この指示詞は、語彙体系のレベルで考えなければならない代表的な問題であるが、このようではなくても、ほかの言葉との対照だけでは意味を決定し難い例がかなり多い。同じ一つの西夏文字に、直接つながりのないいくつもの漢語が対照される場合も厄介である。たとえば、

『掌中珠』で、

i) 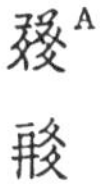　局分

ii) 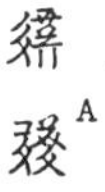　勾管

『華厳経』四十一巻で

iii) 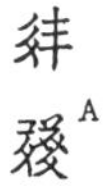　仏事〈仏に供養する行事〉

が対照される。この対照からは、この文字A一字の意味がはっきりしない。これを文字要素に分解すると、∧仕事∨と∧見る∨の結合になる。仕事の〝傍〟を見るの〝偏〟と置き換えた派生字である。この文字には、∧仕事∨あるいは∧行事∨と、∧その仕事または行事をするところ∨の二つの意味があったらしい。そして『同音』では、注字と合わせて読むと、『掌中珠』と同じく〝局分〟が例になっている。この単語は、かなりよく使われた熟語であったらしく、かりにこれを∧役所の出張所∨ぐらいの意味に考えておきたい。

要するに、西夏文字によって代表される西夏語の意味範囲と、漢語あるいはチベット語によって代表される範囲がまったく同じではないために、対照関係の不一致によるこのような現象はつねにおこり得たのである。そのもっとも著しい例は、語順の違いを中心とする統辞法の相違であるが、ここではこの問題には立ち入らないで、別に西夏語の文法として述べた。詳しくは拙著『西夏語の研究』下巻を見られたい。

さて、つぎに第二の手段として、西夏人自身の注を利用する方法を、私はとった。第二の手段とはいったけれども、バイリングァルな方法を用いるにしても、その意味をよりよくとらえるためには、さきにあげた数例のように西夏人の注を並用する必要があった。しかし、はじめの段階では、利用する注を、私は『同音』のみに限らざるを得なかった。『文海』『文海雑類』の注は、ほんの部分的にしかわからなかったからである。

『同音』には、第三章で述べたように、いろいろの注がある。その中に、まずつぎの二字による注字がはっきりしていて、意味の解読に役立つ。

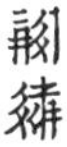 部姓　百九十字　 助語　十二字

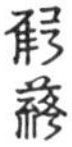 真言　十六字　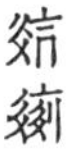 地名　十八字

 人名　九字　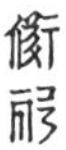 梵語　七字

この注の一つ一つについて説明しよう。まず部姓の注で、西夏人の姓がわかる。ところが、同じ部姓と書かれている文字でも、実際には西夏人の姓と漢人の姓の両方が含まれているのである。これは『同音』の注だけではわからないが、中国の〈王《ワン》さん〉は、西夏字で  wõ《ウオン》 と書いた。この傍の要素を変えると〈金《キン》さん〉である。 kiə̃《キイアン》 そのほかに、

 ʔã《アン》 安　 tshɛ《ツヘ》 崔

 tshĩ《ツヒン》 清　 tsĩ《チン》 晉

がある。 kew《カウ》  tew《タウ》 なども漢人の高、道にあたるのではないかと疑える。これに対

して、〓 xě《ヘ》 〓 ʔyiǎw《イヤウ》 〓 sǐa《シア》 などは、西夏人の姓である。

この『同音』における部姓という注だけでは、わからない事柄がもう一つある。西夏人の姓には一字のと二字のがあった。どの文字が一字で使われ、どの文字とどの文字が二字くっつけて使われたかは、実際の例とほかの資料によらないとわからない。

実際の例としては、「感応塔碑文」に出てくる人名がある。

〓］〓〓］ 〓］〓〓］ 〓］〓〓］ 〓］〓〓］

これらは、はじめの一字が姓で、あとの二字が名である。もっとも、この姓とはいっても、部族名であって、……部族（あるいは部落）のなにがし、という意味であろう。

〓〓］〓〓］ 〓〓］〓〓］ 〓〓］〓〓］

は、はじめの二字が姓で、あとの二字が名である。そのほか、

〓〓 pu《プ》-taw《タウ》 〓〓 nriụ̌《ヌリウ》-liẹ̌《リイエ》

〓〓 tǐu《ティウ》-neɦ《ネ》 〓〓 phu《プフ》-tšǐu《チイウ》

も、二字で一つの部姓を示したらしい。

これらは、西夏人の部姓を書くために特別に作られた文字であるから、これに何らかの漢字をあてはめようとすると、多くの場合こまってしまう。

中国の文献に出てくる西夏人の名前、たとえば李元昊を西夏字でどのように書いたか。これには少し証明が必要である。私は『同音』の序文に出てくる  を李徳明と読んだ。この三字の中、あとの二字は意味の上で徳明にあたるが、はじめの字は、西夏音では ŋĭuŋ と読んだ。これは皇帝の姓であり、元宝末年に、西夏の王族の祖先拓抜思恭が、中国皇帝から賜った李という姓がこれにあたると解釈したからである。西夏国内では、李姓を使わなかったのであろう。

『宋史』では、西夏の皇帝を嵬名とよんで、李元昊は自から嵬名吾祖と称したと記録されている。この嵬名を西夏字で書くと 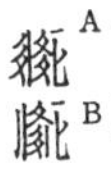 となる。Aの字は『同音』で部姓と注されていて、皇帝の一族を指したことは明らかであり、Bの字は、 miŋ（平）を音符として、それに （聖）をつけた文字で、聖なる miŋ 族という意味から成立している。『文海』ではこの文字はつぎのように説明されている。

ミとは嵬名なり、??なり、皇帝の部姓なり

この miñ は平声で発音されて、一般に西夏を意味する  miñ（上声）とは、声調で違っているが、同じ語幹の単語であることは間違いがない。聖なる西夏族といいたかったわけである。

李元昊の西夏名のあとの二字〝吾祖〟を西夏字で書くと、 ŋγɨr-ⁿdzwɨ《ングル・ンツオ》になる。皇帝皇帝の意味である。それ故、嵬名吾祖は李元昊の個人名ではなくて、西夏皇帝の意味であった。これが代々皇帝に用いられたのである。李元昊の個人名をどのように書いたか、いまはわからない。

助語と注されている文字は、いわゆる助詞のことである。『同音』で、つぎの十字が助語とされている。

1 2 3 4 5 6 7 8 9 10

もっとも、これ以外にも助詞にあたる単語があるし、この複製本『同音』ではほかの注がつけられているが、さきに述べた別のテキストの『同音』では、∧助語∨と注されている例もある。

	旧テキスト	意味	新テキスト	
11	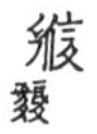	∧主となった∨↓	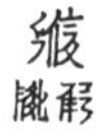	∧助語∨
12	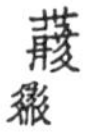	∧楽しんでいる∨↓	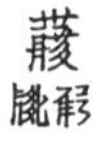	∧助語∨

この違いは『同音』の著者が、これらの文字をどのように扱ったかによっている。ずばりと〈助語〉と注してしまったか、あるいはその助語の使い方の一例を示したかの相違で、実例をあげにくいときには、前者の方法で直注したものと考えられる。もちろんこの注だけでは、その機能は、まったくわからないから、実際の使用例より、その役割を推測するより外はない。私の考えでは、これらの助語はつぎのような役割をもっていた。

1　wɨ̣（上声）　動詞の前につけられて、使役〈…させる〉を意味する助詞。
2　taɦ（平声）　名詞のあとにつけられて、主格〈…は〉を示す助詞。
3　ndɨ̣（上声）　この助詞のはたらきはいまのところよくわからない。
4　niɦ（上声）　動詞のあとについて、〈当然…である〉といった必然を示す助詞。
5　naɦ（上声）　動詞のあとについて、〈…してほしい〉という希求を示す助詞。
6　naɦ（平声）　動詞の前について、〈充満した状態〉を示す助詞。
7　ŋɣu（上声）　名詞のあとについて、〈…をもって〉具格を示す助詞。
8　ku（平声）　〈…はすなわち、…であれば…〉、を意味する助詞。
9　siɦ（上声）　助詞のあとについて、〈…すること〉、たとえば〈来る〉から〈来ること〉を作る助詞。

10　tšhoɦ（平声）∧（……であるから）そこで∨とか∧そのために∨を意味する助詞。

11　ŋvɨɦ（上声）動詞に先行して、その動作の終結した状態を示す助詞。

12　ndaɦ（上声）動詞に先行して、その動作が進行持続している状態を示す助詞。

第三に、∧真言∨と注されているのは、「疑声語」を表記するために作られた文字を指している。全十六字の中、音の部の偏を含む文字が十字含まれていることからでも、これらの文字はゴンとかガンとかいった音を表記したことがわかる。そして、この文字のほとんど全部が『同音』の独字の項目に入れられている。二、三の例をあげると、

 lĩ リン　 lĭã リアン　 phĩ ピン

 pĭã ピィアン　 phã パン　 khĩ キン

真言と注されている文字と部姓の注をもつ文字が、サンスクリット、とくにそのダラニ(呪文)を写すために用いられることが多い。第三章で述べたように、それらの音写例が西夏音再構成のための資料となったが、そのほかにもっぱらサンスクリットを写すために作られた一連の文字もあった。『同音』で梵語と注されているのが、それにあたる。

? tvām khya ṅga śvā ya

〓　〓　〓　〓　〓　〓

この七字のように、梵語音の特殊な結合を表わすのではなくて、短母音と長母音を写す、いわば表音字母的な性格をもった文字もある。

ĭ 〓　u 〓　o 〓　a 〓　短母音

ī 〓　ū 〓　ō 〓　ā 〓　長母音

面白いのは、長母音の方を書く文字は、この例ではいずれも短母音の文字の傍の要素を〓（長部）に置き換えてできていることである。これは、また本来の西夏語には、短母音と長母音の対立がなかったことを意味している。

その上、短母音は平声、長母音は上声であるらしい。これは上声の方が平声に比べて、長く発音された証拠にもなる。

『同音』で、人名と注があるのは、もちろん、西夏人なり漢人の固有名を書いた文字である。これは実際には部姓との区別があいまいで、ŋvə̃《ムブン》（文）などは『文海』によると〈部姓の意〉と説明されているし、さきにあげた〓 tsĭu《チイウ》（朱）も『文海』では〈部姓・人名の意〉といっている。

〓 ŋvə̄（文）　〓 kĭə̄（金）　〓 ŋiw（牛）　〓 ňži（児）

『同音』には、このほかに〈数〉という注をもった文字がある。この注は、定数・不定数の何か数に関係のある言葉につけられた。

〓数　〓数　〓数　〓数　〓数　〓数　〓数　〓数　〓数

四　六　八　九　百　億　衆　遍　超過する

しかし、基本数字でも、必ずしもこの注がついているとは限らないで、〈一〉には〈単独〉、〈二〉には〈三〉、〈三〉には〈二〉、〈五〉には〈六〉、〈十〉には〈十〉（別の文字）、〈千〉には〈萬〉、〈萬〉には〈千〉の注がついている。この注のつけ方が、厳密に統一的になされたものではなかったことがわかる。

もっと面白いのは、西夏語には漢字の一にあたる文字が五字あり、十にあたる文字が三つあった。同じ一や十でも、使われる環境でどの文字を使うか、大体決っていたようである。一には、左にあげた基本字 〓 ləw《ラウ》 のほかにつぎの字がある。

〓 tɨ《ティ》 〈（今日）一日〉の使用例の一にあたる。これは〈一日中〉という意味であろう。この形がチベット・ビルマ語の基本形と対応する。

 ʔa　∧一日∨∧一年∨の使い方があって、∧二日∨∧三日∨に対する一日の意味で、複数に対する単数を表わしたらしい。

 lii̯《リイ》　∧一時∨とか∧一つ一つ∨の一にあたる。文末では∧……なり∨の意味にもよく使われる。

 ŋgɨ̣《ンギ》　∧ある一つの∨といった不定的な意味の一を表わした。この文字は基本字一を意符としてそれに言偏がつけられてできている。

これらの書き分けは、西夏語特有の意味の細かい分類が、発音の上に、そして文字の上に反映した結果である。

十には、さきにあげた基本字 ɣạ《ガ》 のほかに、 *šǐa《シイア》 と  とがあるが、これらの文字は混同して使われていて、その区別は明瞭ではない。

『同音』には、そのほかに、共通した注をもつ文字に∧樹∨の注をもつもの、∧星∨の注をもつもの、∧心∨の注をもつもの、∧名∨の注をもつものがある。

樹の注は、樹木とか木を材料にしてできている物につけられた。樹木の名前には、決定できないのもあるが、はっきりしているものをあげると、つぎの文字がある。いずれも木冠をとっている。

 桂の樹
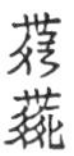 槐樹《えんじゅ》
 柳の樹
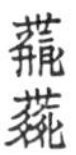 桜の樹
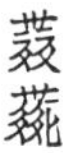 栗の樹
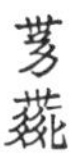 桑の樹
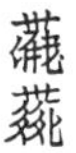 楡の樹
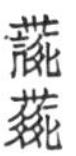 栢の樹
 松の樹

これらの樹木は、いずれも西夏国内にあったものと思う。これ以外に、いまの研究段階では、〈樹の一種〉としかいえない文字もなお多くある。中には字の構成上からもう少し見当のつく文字もある。たとえば 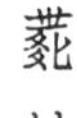 は〈沙〉を意符として、それに木冠をつけて作られているから、〈沙《さ》木《ぼく》〉を意味した文字であったと推測できるが、大部分の文字はいまのところ解明の根拠がない。

〈星〉の注は、惑星、宿星を書いた文字につけられた。西夏には、おそらく中国から入ったものと考えられるが、十一曜、二十八宿、十二星宮といった名前がそろっている。ここでそれらの星を表わす西夏字をあげることは控えたいが、『掌中珠』の中にも、星の名の大部分がのせられているから、天体に関する知識は、一般にかなり普及していたと考えてよい。星占いの術が、西

夏国でも相当に盛んであったのだろう。

〈名〉という注をもつ文字も面白い。この注から判断すると、物の名前という意味にとれるが、よく検討するとそうではなくて、漢語からの借用語とか漢語の固有名を指しているらしい。なぜ〈名〉という注を与えたのかはっきりしないが、二、三の例をあげてみることにする。

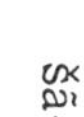 šã《シャン》〈名〉 この文字は  mbiĩ《ムビ》〈低い〉の偏を  否定に置き換えてできている。低くないものすなわち山である。そして漢語の〝山〟を書くのに使った。西夏語の山は  で書かれる。

 xã《ハン》〈名〉 これは、 〈漢〉を意符として、傍に  をつけた派生字であるから、漢語の〝漢〟を書き表わすために作られた文字であると考えてよい。

 ňžǐ《ニュジン》〈名〉 この字は、 〈人〉を意符として、冠に  をつけて作られているから、漢語の〝人〟を書くためにできた文字に間違いない。

西夏字の中には、漢語を書き表わすために作られた文字が相当ある。さきにあげた〝車〟もその一つであるが、『同音』でこのように〈名〉と注されているのは、そのごく一部分にすぎない。しかし、大部分の文字が特定の借用語、たとえば車 tšhiǎ《チイア》 という単語のみを表記するのに比べて、この注をもつ文字は、主にあたる漢語はあったけれども、それと同じ発音であれば、そのほかの

漢語をも書き表わしてもよかったのであろう。〝人〟と同時に必要であれば〝仁〟をも書き得たのである。つまり、表音節的な性格をもった点が、一般の借用語を書いた文字とちがっていた。西夏語の中に混った漢語からの借用語は、表面から見れば一向にわからない点でも非常に面白いために、あとのところでも、いま一度ふれてみたい。

このほか二字の注字をもつ文字の中に、反切的な性格をもつのもある。本字が下におかれた二つの注字の合成からできていることを示すのである。たとえば、文字A $\square_a\square_c$ に注字B $\square_a\square_b$ とC $\square_c\square_d$ が置かれていると、注字Bの文字要素aと、注字Cの要素cを組み合わせて文字Aができているという意味である。そして、文字Aの発音も、注字Bの子音と注字Cの母音を結び付けると、自然にわかる。

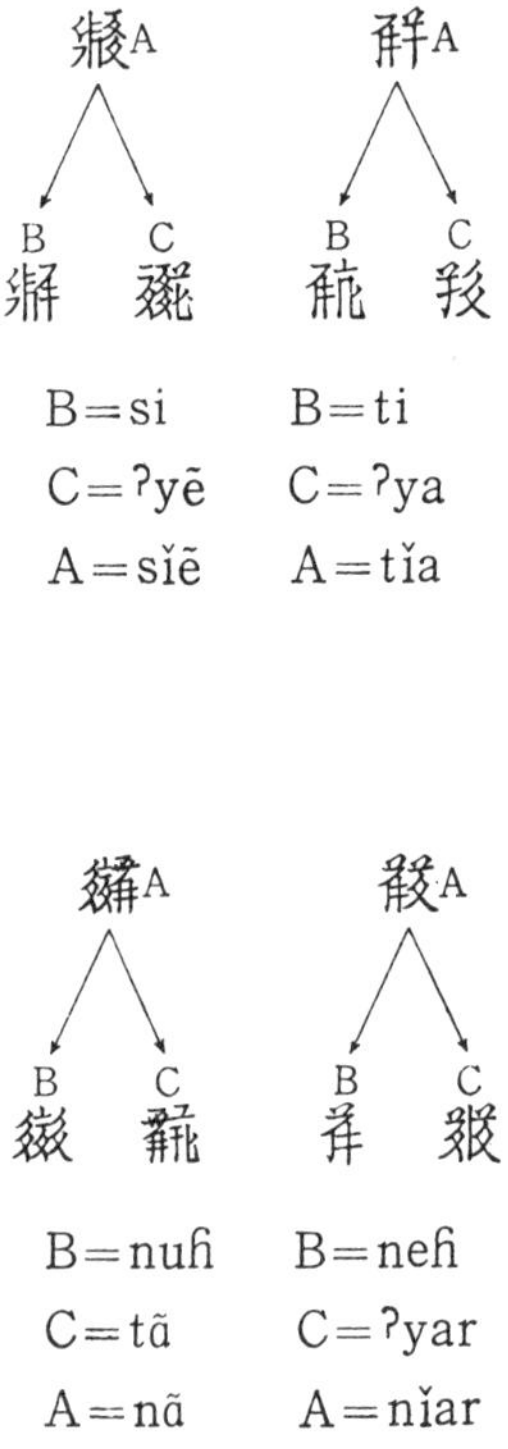

この注は、本字の意味とはまったく関係をもたない、いわば本字の字形についての注であり、発音の注でもある。そして全部が、梵語のダラニの音写にのみ使われているから、一種の表音文字であるといってもいい。

さて、ここで私が西夏文字の意味の解読に用いる第三の方法を説明しよう。

さきに書いたように、私はこの研究の初期で、『同音』の注字と本字の関係を解明して、いまあげたような∧部姓∨とか∧梵語∨とかいった注字のほかは、注字が本字の右下におかれていれば、注字から本字に読み、注字が左下にあれば、本字から注字にわたって読むという原則を発見した。

この関係は、文字Bが注字Aを右下にもち、一方、文字Aが本字として登録されているところでは注字Bを左下にもつ場合にもっともはっきりと表われている。

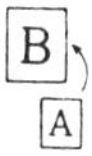

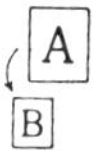

となる。たとえば、舌頭音類小類35に

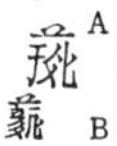

がある。この文字は、私の再構成にしたがうと ndɨ《Aンディ》(上声)-tsiĥ《Bツィ》(平声) と読み、∧小皿∨を意味した。この単語は、『掌中珠』にも含まれていて、その意味の解読にはとくに問題はない。注字Bの方は、歯頭音類に登録されていて、

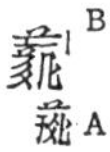

となっている。

これは同じ一つの単語をはじめの音節とあとの音節にわけて、二個所で登録したわけである。

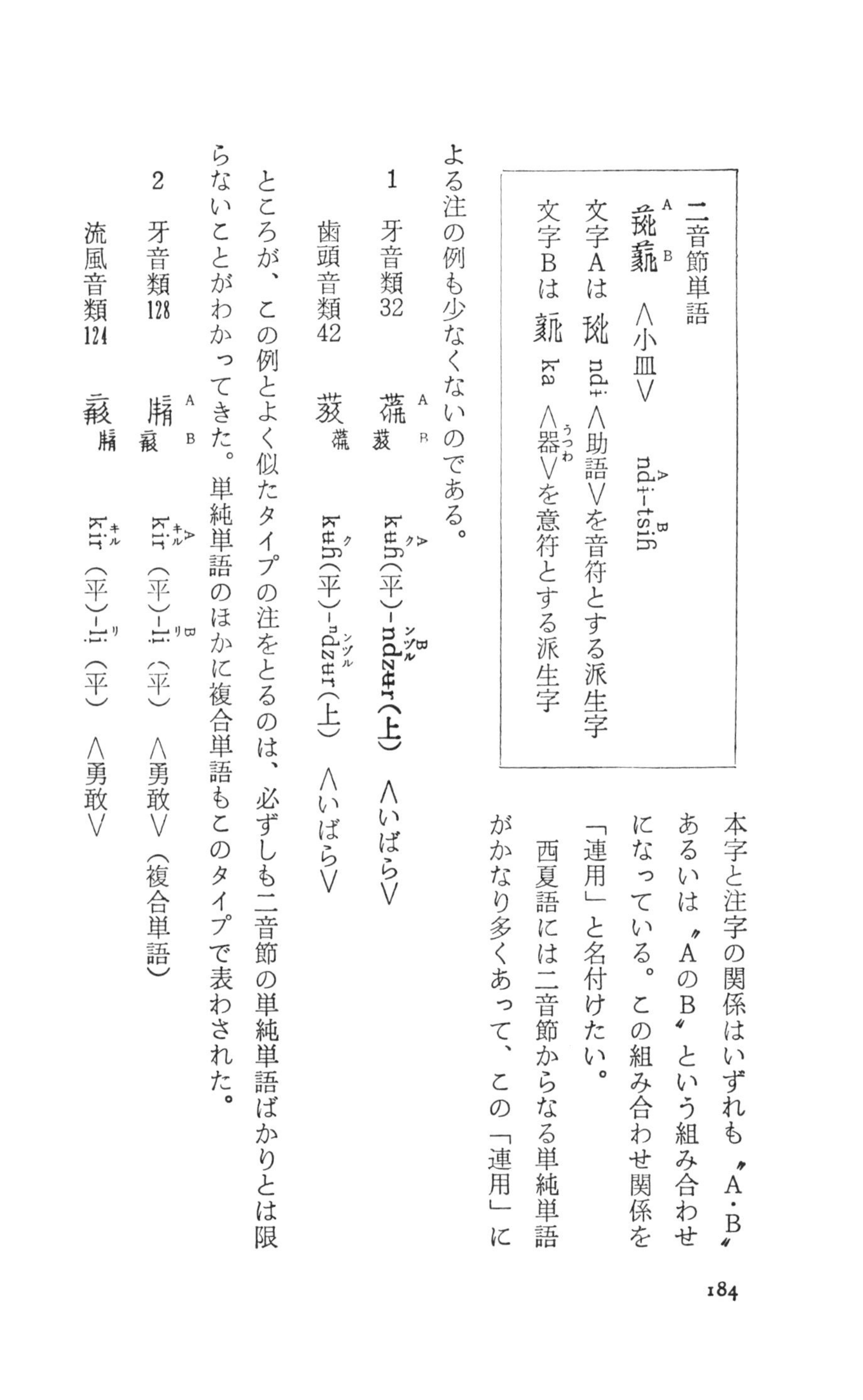

本字と注字の関係はいずれも〃Ａ・Ｂ〃あるいは〃ＡのＢ〃という組み合わせになっている。この組み合わせ関係を「連用」と名付けたい。

西夏語には二音節からなる単純単語がかなり多くあって、この「連用」による注の例も少なくないのである。

> 二音節単語
> □□（A B）　〈小皿〉　ndɨ-tsiɦ（A B）
> 文字Aは □ ndɨ 〈助語〉を音符とする派生字
> 文字Bは □ ka 〈器《うつわ》〉を意符とする派生字

1　牙音類32　□□（A B）　kʉɦ《ク》(平)-ndzʉr《ンツル》(上)　〈いばら〉（A B）

歯頭音類42　□□　kʉɦ《ク》(平)-ⁿdzʉr《ンツル》(上)　〈いばら〉

ところが、この例とよく似たタイプの注をとるのは、必ずしも二音節の単純単語ばかりとは限らないことがわかってきた。単純単語のほかに複合単語もこのタイプで表わされた。

2　牙音類128　□□（A B）　kir《キル》（平）-lị《リ》（平）　〈勇敢〉（複合単語）

流風音類124　□□　kir《キル》（平）-lị《リ》（平）　〈勇敢〉

二つの文字が複合して使われないけれども、ほとんど同じ意味を表わした同義語である場合もある。

3　流風音類89　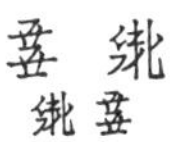　A luɦ《ルウ》 B ʁzar《ルザル》　〈重い・重い〉
流風音類独字　　luɦ《ルウ》 ʁzar《ルザル》　〈重い・重い〉

同義語ではないが、かなり意味の似ている類義語である場合もある。

4　歯頭音類143　　A lew《ラウ》 B su《ス》　〈同じ・似る〉
歯頭音類124　　lew《ラウ》 su《ス》　〈同じ・似る〉

それに、注字が本字と反対の意味をもつ反義語である場合もある。

5　重唇音類127　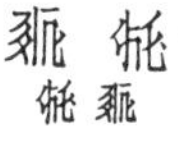　A piụ《ピイウ》（上）-B mbɪɦ《ムビ》（上）　〈冠・尻尾〉
重唇音類51　　piụ《ピイウ》（上）-mbɪɦ《ムビ》（上）　〈冠・尻尾〉

これらは〝AのB〟あるいは〝AはB也、BはA也〟の注であるから、この2・3・4・5をさきの「連用」と区別して「互用」の注とよびたい。連用の注字は、そのほかの単語の注には全く使われないが、「互用」の場合は、別の単語にも注字として使われている点で、この両者はちがっている。たとえば〈勇敢〉の〈勇〉は〈巧み〉の注になり、〈同じ〉は〈類〉の注字になっている。そこで、『同音』の注には、いま一つのタイプを考える必要が出てくる。つまり、〈同じ〉は〈似る〉也、〈似る〉は〈同じ〉也に対して、〝〈類〉は〈同じ〉也〟というタイプの注である。別の例を出すと、〈宝〉には〈物〉の注（左）がついていて、〈物〉には〈宝〉の注（右）がある。この注は「互用」で〈宝（の）物〉の意味である。ところが〈宝〉の注字（右）は〈珠〉という文字にもつけられている。それ故、この注は「互用」の注〈宝（の）物〉に属する性格をもっているが、この種の注を「互用」から区別して「遞用《ていよう》」の注とよびたい。「互用」が中心になって、かなり多くの「遞用」例がある。たとえば〈耳〉と〈鼻〉の「互用」の注をめぐって、つぎのような「遞用」の注がある。

1〈知る〉の注（左）は〈覚る〉、2〈覚る〉の注（右）は〈聞く〉、3〈聞く〉の注（右）は〈耳〉最後の例で〈耳・鼻〉の「互用」の注と系聯する。この注字と本字の意味の系聯関係はなかなか重要である。「遞用」の注は、いわば派生的な注である。

さきに述べた部姓・梵語・真言などと〈樹〉とか、〈星〉とかの注を、この「連用」「互用」「遞用」に準じて名付けるとすると、それを「同用」の注とよぶのが適当であろう。同じ注字が共通して同じように使われているという意味である。それ故、『同音』の注を整理すると、「連用」「互用」「遁用」「同用」の四つと、二字の合成を示す「音注」の合計五つの種類になる。

さて、ここで『同音』の注の性格について立ち入って述べる必要があったのは、これが第三の方法を適用する前提になるからである。

というのは、ほとんど全部の西夏文字は、『同音』中でこの五つの種類のどれかのタイプで注をつけられているから、もし注字の意味と注字の性格すなわち注字と本字のつながり関係を明らかにできたとすると、本字の意味の輪郭がはっきりして、それを解読する有力な手掛りを得ることになるからである。簡単な例をあげると、たとえば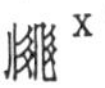という字の意味が未解読であるとする。このX字を『同音』で検出すると、〈博い〉の注(右)がついている。この〈博い〉を見ると、〈広い〉の注(左)があり、その注字〈広い〉を見ると〈博い〉の注(右)がある。したがって、〈広〉と〈博〉は「互用」の注であるから、X字は「遁用」の注をもっていて、〈広〉と〈博〉に関連した意味を表わしたことがわかる。つまりこの注は類義語のタイプである。この注をもとにして、この文字の字形を分解すると、より細かい意味の解読ができることになる。〈否定〉の偏と文字〈狭い〉の結合から、この字形は成立しているから、〈狭くない〉すなわち〈寛い〉が、この文字の意味であったと無理なく結論できる。『同音』の注と字形の分解の両方からこの文字の意味を解読できたのである。いま一つの例を出すと、文字蔱[Y] ʔu の意味は、はじめはわからなかった。ところが、この文字につけられた『同音』の注を見ると豛[A] ʔyiǔ《イウ》〈尋ねる〉となっている。そして、この注字 ʔyiǔ《イウ》 には、さっきの不明字Yがついている。この関係は〝YはA也、AはY也〟のタイプであるから、この二つは「互用」の注であることがわかる。一方、Yの字形を分解すると、殺[B] と木冠に分かれる。この基本字Bは tow《トウ》 〈捜す、求める調べる〉の意味で、『同音』で検出すると、注字A ʔyiǔ《イウ》 がつけられているから、この全体の系聯は、Y注A、A注Y、B注Aになり、YはBを意符とする派生字であることがわかる。この中、A〈尋ねる〉とB〈捜す、求める、調べる〉の二字はすでに意味を解明できているから、それより類推して、このYもやはり動詞であり、〈尋ね捜す〉の意味をもった類義語であったと推定して誤りはないと思う。

このような方法で未解読であった文字が解読できる例をもう一つだけつけ加えておきたい。文字觺 ŋziěr《ンヂィアル》 の意味はまったくわからなかった。その字形からも全然手掛りがつかめなかったが、『同音』を検出すると、注䚩〈怖れる〉がついている。同じ手続きでこの注字の方をみると、それにはさきの ŋziěr《ンヂィアル》 がついている。この二字は『同音』で「互用」の関係にある。それだから、ŋziěr には、かりに〈恐れる〉の意味を推定できる。この推定が正しいことはあとで実証できるようになった。

〈恐怖〉に関する文字は、漢字にも多いが、西夏字にも非常に多い。該当する漢語をあてはめると、つぎのようになる。一字で使えるのもあるが、ここでは二字つまり二音節にして並べた。

1　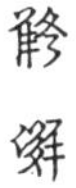　恐怖
2　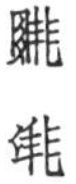　驚惶
3　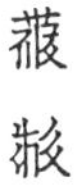　震畏
4　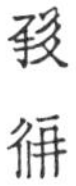　悚慄
5　　怖慄
6　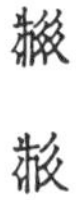　恭畏
7　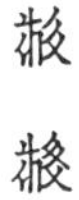　畏懼

ここに与えた漢語も仮りのものにすぎないが、いずれも推定根拠がないわけではない。しかし、これだけの類義語があると、互いにどのようにちがったのか、何だかさっぱりわからなくなる。

西夏文字の意味を解読していくと、以上のように同じ意味を表現したと考え得る文字（同義語）、あるいはまったく同じ意味ではなかったにしても極めて近い意味を表現したと考えられる文字（類義語）が続々と発見されてくる。これは、一体どういうことであろうか。〈怖れる〉とか〈恐しい〉とかの例もそうであるが、もっと具体的な物を表わす言葉でも同様なのである。たとえば〈身体〉を意味する単語は、ざっとあげても五つある。

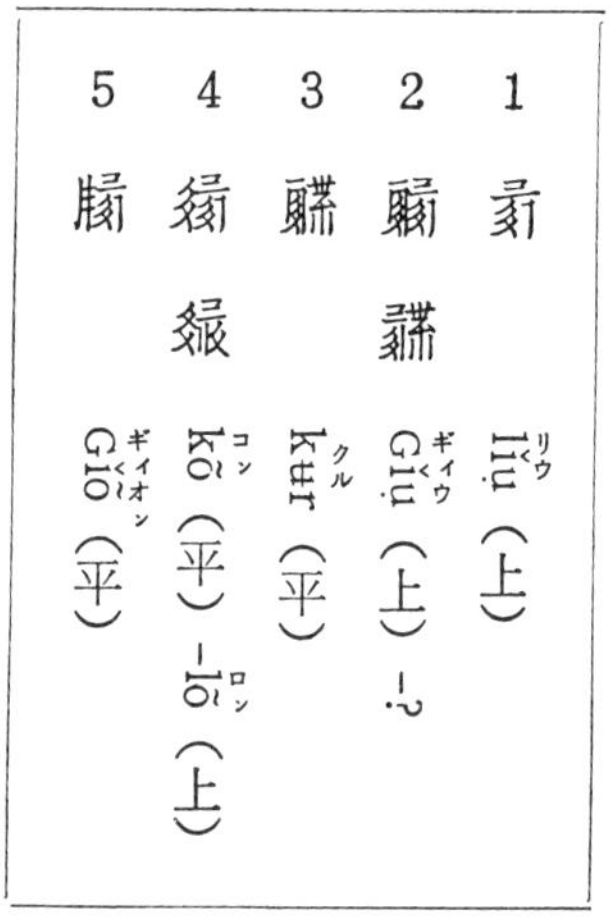

西夏語で身体を意味する単語

この中1、3、5は一音節で使われるが、2と4は大体二音節である。2、4、5の字形は、いずれも1の字形を意符として含み、それからの派生字である。3のみがちょっと違っているように見えるが、これも派生字であって、ちょうど2の二字から1の字形を差し引いて組み合わせた形をしている。

この五つの文字の間の意味の違いも、いまの段階では、残念ながらはっきりしない。しかし、かいもく見当がつかないわけではない。

同じ一つの言葉の中で、同義語があるとすると、まず語彙のレベルの違いとして考えてみることができる。語彙のレベルの違いというのは、同じ対象を意味しても、その中の一つが口語であり、他の一つが文語であるといった違いである。そしてまた文語、口語の中にも、普通に使う単語と相手を敬って使う単語の区別も語彙レベルの違いとして想定することができる。あるいは、「同義語」と考えている単語がまったくの同義ではなくて、同じ身体であっても、たとえば、人間の身体とそのほかの動物の身体とかの種類の違いを分担していたと考えてもよい。そのほかいろいろの条件によって表われ得る違いを推測できる。

問題は、このように推測し、仮定できる枠付けのうち、どれがもっとも妥当なのか、もっと根本的に、その枠付けに当該文字をあてはめることが果して可能かどうかにある。上にあげた例では、『掌中珠』で西夏語 [illegible] に、漢語〈身体〉があてられているから、1が〝身〟に、3が〝体〟にあたる口語であることがわかる。2と4と5は、それ以外の何らかの条件をもった単語であったにちがいない。まず、それが敬語形であると考えられないだろうか。語源的には、1 liụ̌《リィウ》(上)がチベット語の lus《ル》に、3 kɯr《クル》(平)が skɯ̌《ク》(lus の敬語)に対応するから、1と3が、普通語と敬語の対立であったとは想定できるにしても、1、3に対する2以下の文字が敬語であったとはちょっと考えにくい。それでは口語に対する文語としてはどうであろうか。ところが西夏語自体には、いわゆる文語あるいは書き言葉があったとは考えられない。強いてそれらしいものをあげるとすると、西夏語の中に混入した漢語がそうともいえる。西夏人が西夏文字を作る以前には、西夏国のオフィシャル・ランゲイジは漢語であったと私は推測しているから、その時代からの残存が、特定の西夏文字で書き表わされて、西夏文の中にときたま現われてきてもおかしくはない。たとえば〈樹〉を表わすのに、西夏語の [illegible] siñ《シ》 [illegible] phu《プフ》 にかわって、もともとは漢語である [illegible] ˠsǐu《シィウ》 が出てきても、これはうなずける。しかし、この〈身体〉の例では、本来漢語を書いたのではないかと推測できるような形はどれにも発見できない。第三に、つぎのように扱ったらどうであろう。この条件を考慮すれば同義語を解決できる場合がかなりある。

西夏国はいくつもの部族から成り立っていたから、普通に西夏語と称しているのは、王族——さきに述べた ŋiǔɦ 族——の言葉が中心であったけれども、実際にはそのほかにいくつもの種類の言葉を含んでいた。それらの部族の言葉が特有の単語をもっていて、それが必要に応じて特別の西夏文字で書かれても、決して不可思議ではない。換言すると、『同音』によって代表される西夏語が均質的な語彙体系を反映しているのではなくて、その中に異質の言葉も含まれていたのではないかという推測である。もっとも異質的でない状態を想定すると、方言的なヴァリエイションをあげてよいと思う。これはかなりの例で考え得ることである。たとえば、∧見る∨を意味するつぎのA・B二字がある。この二字は『同音』で互用の関係にあって、まったくの同義語である。

A  leɦ（上）

B  li（上）

Bの文字は、残存テキスト中にほとんど使われていない上に、両者の母音 eɦ と i の対立が、何か近い部族間の言葉の対立を示しているように思えてならない。∧涼しい∨にも同じような同義語C・Dがある。

C  šu《シュウ》（平）

D  šǐu《シイウ》（平）

これもやはり重複して使われず -u と -ǐu が近い方言的な差異を代表しているのであろう。これらの例に共通していることは、その字形をみると、冠の要素のちがいが発音の区別をになっているようである。

方言的な変形は、音声形式の上でつながりをもたない語彙の間でもあったのではないだろうか。たとえば〈現われる〉のEとFの関係、〈望む、欲望〉のGHの関係がそれではないだろうか。

E  šǐa《シイア》　G  ŋgɪɦ《ンギー》

F  thar《タハル》　H  wõ《ウオン》

しかし残念ながら、いまはこれらの推測に対して決め手となるような事実は、まだつかんでいない。ただこのような現象を根拠として飛躍的に考えを廻すならば、つぎのような推測が未解読の文字の意味を解き得る場合もあり得ることをあげておこう。たとえば、ここに文字I、Jがある。

I J 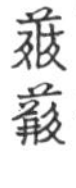 naw《ナウ》-mʷɪɦ《ムウイ》　この文字が実際に使われたテキストを私は知らない。この字形の連続が冠の要素をとると、さきにあげた  tow《トウ》 ʔyǐu《イウ》 とまったく同じである。この連続は決して偶然ではないと思う。それであるから、naw《ナウ》-mʷɪɦ《ムウイ》 は tow《トウ》 ʔyǐu《イウ》 と全く同じ意味〈尋ね捜す〉を表わした異部族の変形であると考えて差支えがないのではないだろうか。

I、J と書いた文字を、ある部族では naw《ナウ》-mʷiɦ《ムウイ》 と読み、他の部族では tow《トウ》 ʔyǐu《イウ》 と読んだことも十分にあり得た。どのように読んでも、その文字を見れば、意味を同じようにつかむことができる点に表意文字の強さがあった。もちろん特定の冠をつけて、その変形がとくに目立つように区別した文字もあった。多くの部族をかかえた西夏族が、このような表意文字をあえて創作した所以は、実にこの点にあったと思う。

発見できる同義語をどのように扱うかは、西夏語の性格を決定する大問題の一つである。それだから、そう簡単には結論を引き出せない。また第一につぎのことも考慮する必要がある。いまの段階で、かりに同義語であると考えている単語が、実際には使われる環境で補い合っていた可能性もある。たとえば〈得る〉とか〈聞く〉とかの単語のように。（○は使われる、×は使われないの意）

		 〈我〉の前で	それ以外の場所で
1	 rir《リル》（平）  rir《リル》（上）	×	○
2	 rǐor《リイオル》（平）  rǐor《リイオル》（上）	○	×
3	 niɦ《ニ》（上）	×	○

4  mĭɔɦ《ミィオ》 (平) ○ ×

1列と3列の文字は一般に使われるが、2列と4列の文字はとくに一人称代名詞の前にきたときだけに限って使われている。この一人称代名詞は、実は動詞につく接尾詞のような役割をもっていて、〈……した、私は。〉という意味である。いわば動詞の屈折形である。ŋhaɦ《ンガー》 〈私〉の前でrir《リル》がrĭor《リイオル》になり、niɦ《ニ》がmĭɔɦ《ミィオ》になった。特定の動詞にだけこのような屈折形がのこっていた。冠をもった同義語が、この種の屈折形の痕跡であるかもわからない。

そして、また同義語と考えている単語が、つぎのように機能の上でちがっていたこともあり得る。

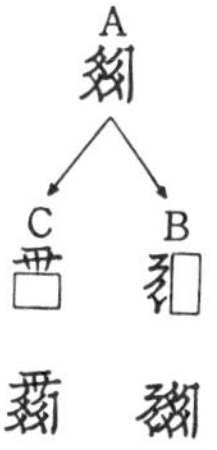

lõ《ロン》 tsʷaɦ《ツワ》
(上)(平)

このBCの二字はともに漢語の〈熱〉にあたる。いずれも文字A mi《ミ》 〈太陽〉を意符として、Bは火偏を、Cは 卌 冠をつけてできている。これをチッベト語のテキストと対照すると、Bには、tsha-ba《ツハア・ワ》があたり、Cにはdro-ba《ジョ・ワ》があたっているから、Bは〈熱い〉、Cは〈暖かい〉の意味であって、完全な同義語ではないことがわかる。

比較言語学的に、同義語の性格を推測できる場合もある。さきに〈樹〉を表わすのに三つの文字があるといったが、これを同系言語と比べると、1の〓 siĩ《シ》 はチベット語系の形（たとえばチベット語の shing《シン》）に、2〓 phu《プフ》 はチィヤン語系、ロロ語系の形（たとえばワス（瓦寺）チィヤン語 pho《プホ》 アカ語 a-bo《ア・ボ》）に、3〓 sĭǔ《シイウ》 は漢語からの借用語〝樹〟に、それぞれ該当する全くの同義語であることがわかる。

このように同義語と考え得る単語の性格をいちいち決定していくことは、なかなか大変な仕事である。

『掌中珠』に出てくる単語は、そのすべてではないにしても、大部分は口語であったと見做して差支えがないと思う。そして、それは東部の西夏語であった。東の西夏語と王族李家の言葉は、漢語から多くの影響を受けた。それに対して、西の方の西夏語はウィグル語の、南の方の西夏語はチベット語の影響を受けていたであろうことは想像に難くない。

いまここで同義語を云々したのは、それらの言葉からの借用語を無視できないという理由のほかに、いま一つの根拠があった。

西夏人の常用語彙の数を推測すると、もちろん正確にはわからないが、千五百語（形態素《モルフェーム》）前後であって、多くても二千を越えなかったであろう。

現在、雲南からタイ国北方にかけて住んでいて、西夏族と遠い親戚関係にある少数部族、たとえばラフ族やアカ族の常用語もやはり、千五百語ぐらいである。ところが、十一世紀のはじめ頃、西夏人が共有していた語彙をほとんどすべて登録した字書である『同音』には、借用語など一切を含めて、大約六千字、厳密にいえば六千モルフェームが含まれている。このうち二字で書かれる単語がかなりあるから、大巾に譲歩して、単語の実数がその半分であったとしても三千語になる。この数字は、常用語を二千語程度に見積ったにしても、それをずいぶんと上廻っている。それ故に、西夏文字は、常用しない言葉をも相当数含んでおり、単に中心的な部族の言葉だけを書いたのではなくて、それ以外の有力な部族で使った語彙をも書き表わし得るように作られていると考えて差支えがないと思う。何らかの語彙レベルの違いを反映した同義語がかなりあったという意見も、これから同時に是認されるのではないだろうか。

ここで再び意味の解読の問題にたちかえることにしよう。いままでにもいくつかの例をあげたが、第四の解読法として、文字の構成上からその意味をさぐる方法がある。

文字は、文字〈腰〉の字形から派生して作られ、〈腰巻〉を意味する。これに馬がつくと馬の腰巻すなわち〈馬の腹巻〉の意になり、虫がつくと〈絹の腰巻〉に、そして文字〈まく〉がつくと動詞として〈腰巻をまく〉の意味になる。これらは文字の構成上から自然に意味を読みとることができる。

馬の腹巻
絹の腰巻
腰巻をまく

このような文字の構成法から見た考察が、同義語と考えられる二つの文字の具体的な相違を解きあかすこともある。たとえば、A・B共に〈印〉にあたる。これは〈信じる〉を意符として作られた派生字である。西夏人の間でも印《はんこ》は信じるべきものと考えられていた。

A　　?

B　　tẹ̃《テン》

この二つの文字の違いは、冠の要素にあって、Aが木冠をとり、Bが金冠をとっているから、前者は木の印、後者は金属の（おそらく銅の）印であったことがわかる。そして角《つの》を含んだ文字がないために、角印はおそらく使われなかったのであろう。

〈やわらかい〉には代表的な二つの文字がある。Cは〈なめらかでやわらかい〉の意味で、D

C　　lhiñ《ルヒ》

D　　mvɨñ《ムヒ》

の方は、〈剛くない＝軟かい〉の意味である。Cの方は派生字はないが、Dには、それから作られたE・Fがある。このEの意味はよくわからないが、『同音』ではCの注がついていて、その上冠 卄 をもっているから、同じく〈やわらかい（柔）〉を意味して、さきに述べた方言的な変形を書く文字であった可能性

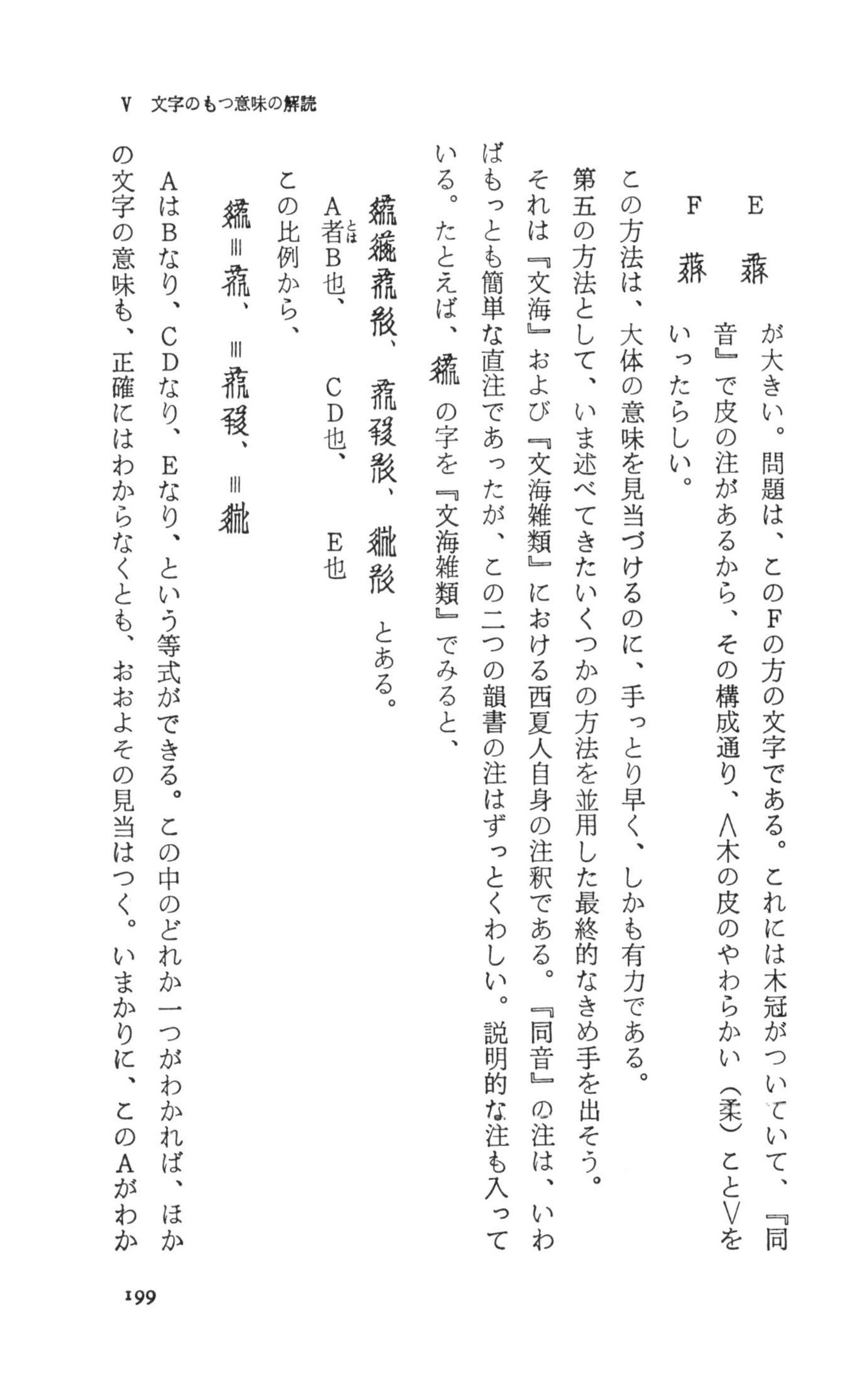

E　[illegible]　が大きい。問題は、このFの方の文字である。これには木冠がついていて、『同音』で皮の注があるから、その構成通り、∧木の皮のやわらかい（柔）こと∨をいったらしい。

F　[illegible]

この方法は、大体の意味を見当づけるのに、手っとり早く、しかも有力である。

第五の方法として、いま述べてきたいくつかの方法を並用した最終的なきめ手を出そう。それは『文海』および『文海雑類』における西夏人自身の注釈である。『同音』の注は、いわばもっとも簡単な直注であったが、この二つの韻書の注はずっとくわしい。説明的な注も入っている。たとえば、[illegible] の字を『文海雑類』でみると、

[illegible]、[illegible]、[illegible]　とある。

A者《とは》B也、　CD也、　E也

この比例から、

[illegible]＝[illegible]、＝[illegible]、＝[illegible]

AはBなり、CDなり、Eなり、という等式ができる。この中のどれか一つがわかれば、ほかの文字の意味も、正確にはわからなくとも、おおよその見当はつく。いまかりに、このAがわか

らないとしよう。Bは＜もつ＞、Cは＜持主＞、Dも＜もつ＞の意味であるから、Aは、したがって、＜もつ＞であったことになる。この文字Aは、実際にははっきりしていて、『掌中珠』に

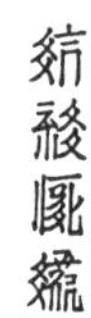 君子有礼、「感応塔碑文」に  感応塔（霊感をもった塔）の使用例があってやはり＜もつ、具える＞を意味したことがわかる。もちろん、この字はB  ＜もつ＞を意符として、偏をつけて作られた派生字である。

『文海』や『文海雑類』の注は簡単なようでなかなか十分に読めない場合がよくある。もう少し複雑なのを出すと、つぎの注がある。（文海雑類）

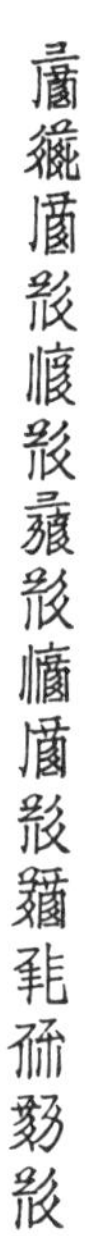

X 者 A 也 B 也 C 也 D E 也 F G 之 意 也

＜Xは……なり……なり……の意なり＞という注の仕方がもっとも標準的である。最後がより解説的に述べられる。同じように等式を作ってみると、つぎの関係になる。

Xは A＜抜く（毛や樹などを）＞であり、 B＜つかみ取る＞であり、 C＜つまみ取る＞であり、 DE＜引き抜く＞であり、 FG＜抜き切る＞の意味である。

それ故に、このXは、 Bを 意符とする 派生字であり、 ＜抜き取る＞を意味 したことがわか

る。

『文海』『文海雑類』の注は、このようにもっとも有力な証明力をもっていて、決定的な性格を備えた推定根拠であるが、その二つの韻書はいずれも完本ではないために、限られた文字しかその注がわからないうらみがある。しかもその資料が自由に扱えるようになったのはごく最近のことなので、それまでは、極めて限られた範囲内でしかその注が知られていなかった。そのために、私はいまあげた四つの方法を主として用い、ことに『同音』の注の系聯関係をしばしば活用して意味を推定していた。私の推定結果を、『文海』『文海雑類』の注と照し合わせたところ、一致していることが多かったのは救われた思いがする。

文字Xの意味はわからなかった。これを『同音』で検出すると、〈久しい〉の注がある。この〈久しい〉をみると、〈長い〉の注があり、〈長い〉をみると〈久しい〉の注があった。あとの二字〈長い〉と〈久しい〉は「互用」の注で、Xはそれとつながる注である。それでこの不明の文字Xは〈久しい〉とか〈年久しい〉の意であると推定した。この文字は、幸いに『文海』平声八十韻に含まれていて、つぎの注がついている。

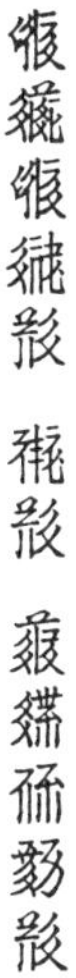

X者X久也　老也　老大之意也

いまでは、このXは∧年寄る∨あるいは∧年寄∨の意味であることが確定できた。

この韻書の注には、いまあげたように、類義語、同義語に置き換えて説明する場合と、そのような置き換えをしないで、はじめからその意味をわかり易く説明する注とがある。後者の注はなかなか面白い。二三の例をあげてみる。

　　（文海雑類）

Xとは日を越える也、年月が流れるの意也

つまり文字Xは∧日が経つ∨の意味である。この字形は  偏に∧越える∨からできている。おそらくこの  偏は∧年・月∨の偏と関係しているにちがいない。

『掌中珠』で使われている Y は、二字つらなって漢語の∧都監∨にあたっているので、この西夏字二字に∧監督∨をあてたが、その意味の詳細はよくわからなかった。この文字Yを『文海雑類』でみると、つぎのような注がついている。

Yとは、罪を犯した人を牢獄の中に入れるのが即ちYの名である

つまり文字Yは、∧牢に入れる∨、∧牢獄につなぐ∨の意味であって、∧監督∨とは∧牢に入

れた罪人を見張る役人〉のことであった。この文字は木冠と〈苦しい〉の合一から作られている。中には、なかなかわかりにくいのもあって、つぎの二つなどはちょっと謎々に似ている。

Zとは？Zなり、腰なり、胎児と一辺にて懸るなり

この文字は、それ故〈骨盤〉を意味したと推定できる。字形を分解すると、〈上〉と〈骨〉になる。西夏人は〈上・骨〉すなわち〈骨盤〉と考えたのであろうか。

Xは人に出れば治らず、畜生に出れば治る也

これはどうやら癩の意味らしい。この文字を分解すると、〈悪い〉偏に〈鼻〉になる。西夏人には〈悪い鼻〉、すなわち〈癩〉であると考えた。

牛を表わす西夏文字には、多くの種類があるが字形の上で関聯したものに、つぎの三つがある。これを牛$_1$牛$_2$牛$_3$としよう。牛$_2$牛$_3$の文字は牛$_1$から派生して、それに違った冠をつけてできている。

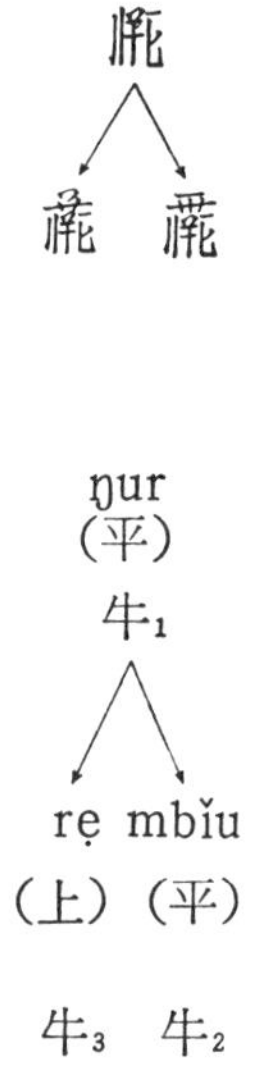

この三字の中、少なくとも牛$_1$と牛$_2$は、完全な同義語ではないことは『文海』の注からわかる。牛$_1$にはつぎの注がある。

[illegible]

牛$_1$とは牛（牝牛）なり、?なり、畜生の中、牛$_1$の名なり

この文字は牛の総称に用いたらしい。牛$_2$には、

[illegible]

牛$_2$は牛$_3$なり、浄を集るものなり（?）、??なり、大象なり、牛$_1$と類を同じくする中、

牛$_1$よりも威力の大きなものなり、

と注されている。これは毛牛《ヤク》を指すのであろう。牛$_3$については、今のところ何もわからない。

西夏には、『雑字』[illegible]という蝴蝶装の刊本があった。このテキストは、一口でいえば、

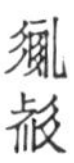

分類語辞典である。これもレニングラードのアジア諸民族研究所に所蔵されていて、ほぼ完備した形で残っている。所蔵目録によると、その内容は『掌中珠』のように、天、地、人に大別され、さらにつぎのように小分類されている。地、山、河川と海、宝石、織物、男子の衣裳、女子の衣裳、樹木、野菜、草、植物、馬、らくだ、牛、山羊、鳥、野生動物、爬虫動物、昆虫、西夏人名、中国姓、西夏姓、親属名称、人体名称、住居、食物、道具。

さきほどあげた牛^{1}牛^{2}牛^{3}もすべて牛の部門に登録されているはずである。

この雑字の体裁は、羅福成が『西夏文専号』の中で、一部分を紹介したから、早くからわかっていたが、分類された語彙、たとえば〝織物〟の部門であると、〈絹〉とか〈羅紗〉とかいった単語が列挙されているだけで、それについての解説は何もついていない。したがって、このテキストの完全な解読はなかなか厄介である、これに類する分類語辞典はそのほかにもいく種類か刊行されていたようで、クチャーノフはいずれもコズロフ蒐集品の中から、別の刊本の断片一つと、写本の断片一種を紹介している。

この系列の分類語辞典に、いま一つ『聖立義海』と題する書物がある。これは、五冊からなるいわば西夏の百科辞典であって、内容は十五篇に分かれ、大約上にあげた『雑字』の分類法とよく似た分け方をしている。しかし、これにはいちいち詳しい解説がついているから、

もし完全にこのテキストが保存されていたとすると、西夏の文化や言葉の研究にすばらしい貢献をしたであろう。ところが残念ながら、『聖立義海』は一部分しか残っていない。

さきにあげた『番漢合時掌中珠』はこのようにこまかい分類項目をあげてはいないけれども、やはり一種の分類語彙であるといってよい。ただ『雑字』や『聖立義海』と二つの点で違っている。第一には、『掌中珠』は漢語とバイリングァルになって、しかも発音がつけられていることと、いま一つは『掌中珠』は民間で作られた書物であるのに対して『雑字』と『聖立義海』は政府の刊行物であった点である。『雑字』の成立年代ははっきりしていないが、おそらく『同音』(一一三二)が作られるよりも相当以前にできていたと考えられる。『聖立義海』の方は、一一八三年五月十日に西夏の刻字司(印刷局)から出版されたことがわかっている。そして『掌中珠』は『雑字』と『聖立義海』を手本として、一一九〇年に刊行されたのである。

西夏の政府は、西夏語を整理し、西夏文字を誤りなく普及するために、『雑字』『聖立義海』のような語彙を分類した辞典と『文海』『文海雑類』といった西夏語の音韻組織にしたがって文字を分類した字書の二系統の書物を作った。これらの辞典と字書のすべてが解読されて、西夏語と西夏文字の全貌が解明されることになる。それが実現される日は、さほど遠くはない。

あとがき

ここ十年あまり私がつづけてきた西夏語・西夏文字研究の概略を、以上の数章にわけて述べてみた。いま校正刷を読んでみると、なお書きもらしたところが少なくない。そして、なるべくわかり易く書いたつもりであるけれども、敍述がやや専門的になったところもある。これは、本書の対象がそういうものである以上、いたしかたのないことであった。面倒なところはとばして全体を通読していただきたい。第二章でふれた西夏の歴史については、その専門家ではない私は、思わぬ点で予測できない誤りをおかしているのではないかと恐れながら書いた。しかし、ここで試みたようなチベット文献に見られる記録への注目は、今までのところ、パリのスターン教授の論文「ミニャクと西夏」以外にはない。もちろんスターン教授と私とはアプロウチは違っている。

西夏の歴史の研究も、その言葉や文字の研究と同じように、新しい検討を受ける段階に到着している。レニングラードのクチャーノフ氏は近くまとまった形で西夏史を出版する由であるから、おそらくそれは西夏の歴史研究に新しい光を与えることであろう。

西夏語の再構成については、ここではその概略を提供するにとどまった。おそらく一般にはあまり興味をもたれないであろうけれども、その問題と西夏文法についての詳細は、拙著『西夏語の研究』上下を見ていただきたい。その下巻にはネフスキーにつづいて、第四番目にあたる西夏語字典が含まれている。ただそこで再構成した西夏語の子音体系は、東部地域の西夏語を代表していることをおことわりしておきたい。

モスコーのソフロノフ氏が拙著を批評した一文（『言語学の諸問題』一九六六、モスコー）の中で、『文海』の反切を使って、私の子音体系を修正する必要があると述べたが、この意見は当を得ている。しかし、標準的な形式への修正が未だ完了していないために、ここでは部分的な改変のほかは、やはり以前の音価を採用した。

西夏語は、前後三百年以上にわたって話され地域的にもかなり広い範囲に及んで使われていた。今後の西夏語の研究は、地域的な差異を解明するとともに、西夏語自体の変遷階程をいくつか考えねばならない方向に進んでいくだろう。本書第五章（一九二頁以下）で扱ったのは前者の見方を導入したものであり、後者の設定は、仏教用語やダラニの音訳の研究にあたってどうしても必要になってくる。

ここ一、二年、西夏文書の翻刻出版が行われつつある。昨年ソビエトで『論語』『孟子』『孝経』の西夏訳テキストが刊行された。また今年あるいは明年には『文海』が一般に提供されると聞いている。英国博物館所蔵のスタイン文書の大部分も——これは断片が多いが——公刊はされてはいないが、手許において、見られるようになった。それとともに未解読文書の内容も次第に明らかにされつつある。クチャーノフは、コズロフ蒐集品の中から西夏の国家機構に関する文書を見付け出したし（本書四〇頁参照）、さきに私がある論文の中で、もともと韻図として発表されていた写真が（本書二〇頁の文書B）漢詩の音訳であろうと推定したのを、英国博物館のグリンステットは「千字文」の一部であることをつきとめた。その結果は近く発表されることになるだろう。このような未公開のテキストが次第に公刊され、一方でいろいろの断片の内容もわかってくることは、今後の西夏学の発展にとって大へん喜ばしい。

本書がこのような簡便な体裁で出版されるようになったのは、紀伊國屋書店矢島文夫氏の配慮によっている。そして、西夏文字を随所に入れる面倒な印刷を克服された中西印刷常務中西亮氏と、その文字の版下書きを煩わした森三蔵氏に、ここに記して感謝を述べたい。

一九六七年一月

西田龍雄

本書は、紀伊國屋新書A—30『西夏文字』を復刻したものです。

著者

西《にし》田《だ》龍《たつ》雄《お》

言語学者、京都大学名誉教授。１９２８年、大阪生まれ。１９５１年、京都大学文学部言語学科卒業。１９５６年、同大学大学院修了。１割程度だった西夏文字の解読を８割（約５０００字）まで進め、西夏語の研究を大きく前進させた。著書に『西夏王国の言語と文化』（岩波書店）、『西夏語研究新論』（松香堂書店）、『アジア古代文字の解読』（中公文庫）、『生きている象形文字』（五月書房）ほかがある。２０１２年、逝去。

西夏文字

その解読のプロセス〈新装版〉

2024年　5月21日　第1刷発行
2024年 10月11日　第2刷発行

発行所　株式会社 紀伊國屋書店
東京都新宿区新宿 3-17-7

出版部（編集）電話 03(6910)0508
ホールセール部（営業）電話 03(6910)0519
東京都目黒区下目黒 3-7-10
郵便番号 153-8504

印刷・製本　シナノ パブリッシング プレス
装幀　岸本真由子

ISBN978-4-314-01205-8 C0087
Printed in Japan
定価は外装に表示してあります